U0067840

# 幸福之法

## 讓人幸福的四個原理

愛 *Love*

知 *Wisdom*

反省 *Self-Reflection*

發展 *Progress*

# 幸福之法

# 前言

自第一卷《太陽之法》、第二卷《黃金之法》開始，在寫完第七卷《大悟之法》（以上均為幸福科學出版發行）後，「法系列」迎來了這部第八卷《幸福之法》。

至今，我講述過各種教義，而這一次，我將重新回到幸福科學的原點，以「到底何為幸福」為主題，寫下這部作品。

說到底，無論怎樣連篇累牘，若是無法將人們引導至幸福的彼岸，那麼就無法說我的光明力量，完成了原來的使命。因此，在本書當中，我盡量言簡意賅地，讓初次接觸佛法真理的人們也能明白內容。

在第1章中，我以「如何擺脫不幸」為題，深入挖掘出埋藏在每個人心裡的孤獨和不安，並逆向告訴各位，「事實上，導致自己陷入不幸的正是你自身的想法，你並非無法獲得幸福，而是你在不知不覺中謀求著不幸」。乍看之下，各位會很驚訝「自己怎麼會有那種想法」，但現實中，要獲得幸福之前，首先必須先決心「擺脫不幸」。

在第2章中，我以「多增加一分的工作術」為題，從我曾講述的多種工作論或經營論中，摘選出最基本、初級的內容進行說明。眾多現代人都在公司或公司以外的職場，日以繼夜地勤勉於工作。

因此，我認為，若是現代的幸福論無視於工作技術，其理論就無法成立。

那並非是要試圖完成某種偉大事業的工作技術，該章的內容，是講述到如何讓你目前的工作能力或工作技巧，能夠再更增加一分的方法。並且，我是用極其容易理解的切入口加以論述。在幸福科學的精舍中，舉行著更高深的經營論研修，但該章平易近人的筆觸，反倒成為了初學者的救贖。

而在接下來的第3章、第4章中，我論述了此次我欲講述的教義中心，也就是現代四正道「幸福的原理」。我以不同的方式分成兩章，說明了「愛、知、反省、發展」這四大原理。比較閱讀這兩章之後，眾多人們應該就會明白我正試圖闡述什麼真理。

幸福科學基本上教導著人們源自「探究正心」的「幸福的原理」，並且，到底何為「幸福的原理」，我以各種方式進行著闡述。

透過精讀本書的第3章、第4章，想必眾人能對通往幸福科學的入口，會有正確的理解。

在第5章「相信太陽時代的到來」中，我以嶄新的話語，闡述了法系列第一卷《太陽之法》指明的未來藍圖、邁向烏托邦的方向性。

或許，隨著佛法真理的廣布，這個地上的樣貌將轉變成佛國土的烏托邦。我懷抱著無限的憧憬並堅信，那被稱為「太陽的時代」終將到來。

我期待本書能有助於打造那未來的應有之姿。

二〇〇三年　十二月

幸福科學集團創立者兼總裁　大川隆法

目錄
Contents

## 第2章 多增加一分的工作術——變得擅於工作的四個觀點

## 第3章 讓人幸福的四個原理
### ——現代四正道「愛」、「知」、「反省」、「發展」……139

## 第4章

# 幸福科學入門

## ——教導所有人「為了變得幸福的應有心態」 229

## 第5章 相信太陽的時代的到來

### ——邁向《太陽之法》所引導的未來社會

# 第 1 章

# 如何擺脫不幸

## ——克服命運的方法

# 1 對幸、不幸的感受因人而異

## 未必「坐擁一億日圓就是幸福」

我的著作《奇蹟之法》（幸福科學出版發行）的第1章是「逆轉命運之法」。其中，我以非常簡潔且理論的形式，論述了逆轉命運的方法，在此，我想再稍微介紹與之相關的話題。

「逆轉命運之法」，如此說法要說大膽，也確實夠大膽。實際上能否真的逆轉命運，要看此人如何理解並實踐其內容。依讀者的不同，對內容的接受方式也各不相同，且讀者要如何理解其中較抽象的部分，如不逐一詢問，恐怕也很難搞清楚。

假如言簡意賅地說明何謂「逆轉命運」，說到底，多數人的需求無非在於「無論如何也要擺脫不幸」。

於是，我想要探究「究竟該如何擺脫不幸」的這個主題。

人在何時自己的不幸感受會變強呢？當然，那樣的感覺或者對於什麼感到不幸，會隨著年齡的不同而發生變化。此外，在時間的流逝中，跟自身的定位或社會中自己所處的立場，也是有所關連的。

所以，「如果變成那樣一定就是不幸，而若是變成這樣一定就是幸福」，這是無法如此斷言的。

比如說，「坐擁一億日圓就是幸福的，沒有的話就是不幸」，這也未必是如此。

此外，如果說身強體壯就是幸福，弱不禁風就是不幸，或許一般來講這種說法可以成立。但終究還要根據此人所處的狀況來決定。相撲力士可能體型碩大、強而有力才是幸福的，但我想在日常生活中，他們也會遇到諸多不便吧。想必他們已經很多年無法體會早上輕鬆起床的感覺了，應該多少也希望自己能像普通人一樣輕鬆吧。

世間的上班族，會對每天搭乘爆滿電車上下班感到不幸，並且或許會希望「用走的就能到上班的地方」。但到了退休年齡離開了公司，有些人的腳力便會急速弱化，這才明白，當年通勤的時候才是幸福的。

萬事萬物都不能隨意斷言「這樣的話，就一定會出現這樣的結果」，即使同樣的狀況和同樣的內容，也會依此人身處何種立場或此人的承受方式，而發生各種變化。

## 要從人生中學習什麼

並非只有大人才會煩惱，在現代，孩子們也有相當多的煩惱。這是一個競爭社會，父母有著自己的煩惱，孩子也常常承受著父母的煩惱而一起煩惱。此外，有時孩子也會因父母的工作能力、見識的侷限，或因孩子自身的性格衍生出煩惱。

只是，總體來說，在比較年少的時候，孩子還是盡可能地去看長輩或大人們優秀的一面比較好。當然，同時也會看到大人們各種缺點、各種不足之處，但越是能看到大人優秀之處的孩子、越是能看到理想型的大人的孩子，其成長就會比較穩健。

然而，當長大成人，從事了工作，有了各種經驗之後，對於自己或他人，若能一定程度地了解缺點或弱點，反倒比較容易成長。

即使變成了大人，站在應有的立場，對於自己或他人的缺點、弱點一無所知之人，或許能說是慶幸，但此人將難以成長。

因此，在孩童時期，越是看大人優秀的一面，周遭人們越是能成為自己的良師益友，在這種狀況下長大的孩子，成長會比較順遂。而當自己長大成人，站在相反的立場，或站在教導別人的立場時，越是能對自己或他人的缺點、容易失敗的地方有所覺察，就越是還有成長的餘地。一般來說，最好抱持如此見解。

但是，有時也會出現相反的情形。

有些人在年幼時期，受到非常不稱職的父母親對待。特別是現代，據說這樣的父母越來越多。他們虐待孩子，完全棄孩子於不顧，酒後作亂，或因貧窮而無法讓孩子吃飽等等，現在很多父母親有著各種缺點或毛病。

現在有很多孩子遭受著虐待，或者是因為各種問題而抱持著煩惱長大。

這類孩子在長大成人以後，大多都會延續這種情況。在父母親不善於扶養孩子的家庭中長大的人，當他們自己有了家庭以後，似乎同樣也不善於撫養孩子。

這樣的孩子若想在未來成功，必須要採取相反的思維。在孩童時期，如果曾經想過「這算什麼父母啊」的話，那麼應該下定的決心就只有一個，就是「絕不要成為那樣的父母」。「自己一定不能成為那樣的大人，長大之後，絕不能變成那種樣子，自己要變成完全相反的人」，如果能在心裡這麼想，漸漸地自己就會變成那般樣貌。

世間很多人都會在長大成人後，將自己兒童時期的經歷重新經歷一遍。所以，如果在兒童時代經歷很多不愉快，那麼重要的就是，絕不能讓這種經歷貫穿自己的一生，必須朝與之相反的道路努力。

小時候見多了大人的惡、大人的錯誤，這樣的孩子就需要反其道而行，盡自己最大的努力，決心「絕不變成那副樣子」。

就像這樣，在成長過程中看到大人各種惡性一面的孩子，很多都會心想「我絕不能變成那樣」，於是採取相反的行動，在長大成人後獲得成功。

並且，在職業上也是一樣，在社會獲得一定程度的成功之後，會受到越來越多人的讚美。那麼，受到別人的稱讚之後，還會繼續惡意揣度別人或說別人壞話嗎？應該很難吧。當受到越來越多人的稱讚以後，便會覺得大家都是好人。

小時候明明看到的都是大人壞的一面，自己長大成人之後，卻不可思議地，認為周遭大人都是好人。

就像這樣，有人是以完全相反的模式取得成功。

按照正統的方式，由於人在幼年時期對事物的理解尚淺，所以盡量讓孩子看到能視為理想、有力量的大人，進而能加以尊敬，如此孩子的成長會比較順利。

但是也有相反的情況。看到大人的負面行為後，假如孩子在成長過程中，內心發誓「自己絕不能變成那樣」，那麼有時就會以相反的形式獲得成功。

另一方面，小時候家中條件優渥的人，之後有可能會因為那般優渥而失敗。所以，這樣的人必須在下一步對人生險惡的部分，也就是人容易犯錯或失敗之處、陷阱進行一番研究。否則，這些人將難以持續成長。

能在無憂無慮的環境中度過一生的人終究是少數，所以小時候在優渥環境下長大之人，往後必須在一定程度上研究何為世間的辛酸才行。

並且，越是看到自己或別人的不足之處，就越會明白「接下來必須做的是什麼」，這就是取得下一個成功的重要因素。

因此，我希望各位先明白「幸或不幸，並非是固定不變的」。如同我在《常勝思考》等著作中以不同的形式所講述，幸或不幸並非是固定的。這完全取決於自己能在被賦予的題材中學習到什麼，並且如何改變自己的人生態度。

我也說過「人生是一本習題」。對於這本習題，不同的人有不同的解答方法，每一個人都會被賦予恰好需要的課題，對此不可不知。

# 2 成功的種子和失敗的種子

## 當最棒的幸福變成最大的不幸

長大成人後，對於自己的悲慘遭遇或劣勢所抱持的自卑感，有很多人會變得越來越強烈，進而感覺到自己「實在太不幸了」。這些人認為「因為自己有這樣的缺點，真是不幸。因為這個問題，所以無法獲得幸福」、「自己有這樣的煩惱，所以就註定與幸福無緣」、「自己無法擺脫這種自卑，所以只能當個不幸的人」。

的確，從主觀來看確實如此，但從客觀來看，還有很多面向並非如此。那是因為，了解自身缺點或弱點，或是了解自己容易在何處失敗的人，清楚地知道「自己應該怎麼做」，這是此人的優勢。這樣的人對於自己應該採取何種行動是非常明瞭的。

當正面面對自己的失敗或缺點時，即使沒人告訴此人，此人自己也能明白「我哪裡做的不好？我必須怎麼做」，所以也就不需要什麼「家教」。

遭遇失敗時，當然會為「自己該如何是好」而煩惱。但在煩惱中，成功之芽已經開始萌發。在那失敗當中已融入了教材，下一步自己當為之事其實已經出現了。

各位必須要如此加以解讀才行。

在某種意義上，沒有什麼比連續成功還要可怕的。那是因為，在成功當中埋著接下來失敗的種子，但在獲得成功的時候，人往往不會對此有所覺察。成功時不會加以留意，常常在五年後、十年後，才會發現失敗的種子在當時已經埋下。

所以，成功固然值得高興，但也有其可怕的一面。成功有時會掩蓋掉其他東西，導致人們常常看不到失敗的種子或缺點。

當遭遇失敗的時候，幾乎可以斷言，那顆種子是在志得意滿之時就埋下了，只是人們根本沒有覺察而已。

對此，各位務必要加以留意。

舉例來說，如果是政治家的話，幾乎所有人都想當上總理大臣。但是真的當上總理大臣之後，如果起床之後翻開早報，版面到處寫著民眾希望「下台！下台！」的報導，這可真的是會讓人無法忍受。

各位沒有身處於那般立場，所以很難體會那種感覺，但是請試著想像換作是自己面對那種情形。

拿起報紙一看，每個版面都寫著自己的壞話。有時候還會斗大標題刊登。打開電視，節目上也是說著自己的壞話。翻開週刊雜誌，當中依然是寫著壞話。

如此一來，你應該會大受打擊，並心想「為何世上有這麼多壞人？難道他們只會說別人的壞話嗎？這個世界上居然有這麼多人要靠說別人的壞話謀生」。

然而，這就是成功的代價。如果沒有做好充分準備，就在某天突然變成總理大臣，那麼事情就會演變成這個樣子。

所有政治家都憧憬著「想當一回總理大臣試試」，但有時候，沒當上才是幸福的。正因為做不了總理大臣，所以做什麼都不會犯眾怒，可以自由行動。

當成為重要閣員以後，任何小事都會開始招致批評，自己會經常驚訝於「為何這種事也能惹出問題」，而若是當上總理大臣，情況就會變得更加嚴酷。

說到底，這需要自我認識的轉變。你雖然認為「自己一直是原本的那個自己，為什麼別人的意見卻不一樣了呢？」，但因為身處的立場不同，自己的應有之姿也會有所變化。無法預想自己將來樣貌的人，會因自己無法做好準備而感到痛苦。

對政治家來說，成為總理大臣的寶座明明是最幸福的，也可說是達成了使命，但是在應該品嘗幸福的時刻突然「如坐針氈」，轉眼變成最大的不幸，這恐怕當事人是無法理解的吧。

如上所述，在一路成功、出人頭地的過程中，其實已經埋下了往後失敗的種子，但多數人大多沒有察覺。在成功的過程中，「自己只是普通人，事情居然會這麼順利，一帆風順地成功了」的情形持續延續，但就在如此「普通人居然成功」的想法當中，其實潛藏著讓自己於未來遭遇不幸的種子。

也就是說，隨著踩著成功的階梯往上，就不能讓自己停留在普通人的狀態。每爬上一個階梯，就必須變成比普通人還更優秀的人。

為了成為一個優秀之人，需要擁有比他人更多的知識、更多的見識以及更多的經驗。

此外，以前只需要考慮「自己是怎麼想的」，只關心自己的心情就可以，但在今後就不能只想到自己，還需要考慮「其他人怎麼想，其他的政治家會怎麼想，媒體會怎麼想，民眾又是如何看待」。

或者說，以前只關注到選區的選民，但今後必須把視野打開，同時考慮「選區以外的人會怎麼想」。

如果無法擴大比過去更寬闊的視野，就會無法承受自己新的形象，不幸的感覺就會越來越強。

## 持續成功的啟示

因為常見的例子比較容易理解，所以我舉了政治家或總理大臣為例，但不管是變成了公司的社長，或者是學校的老師，抑或是變成了其他的人物，情形都是一樣。

人當然會盼望能夠成功，盼望成功也就是期盼著「能比現在更了不起」，盼望自己的立場能再向上一個臺階、兩個臺階。

但是，隨著立場的改變，身上的負荷也會隨之加重，來自他人的目光也會變得越來越嚴格，不過自己還是以為「我還是以前的我」。

當然，自己確實是站在至今的延長線上，但是當跨越了某些障礙之後，就會出現不再是同一個人的面向。屆時，若是不知道「自己不再是以前的自己，而是變成不同的人，自己必須蛻掉一層皮才行」，那麼那般成功就會變成往後不幸的原因。

或許任職於公司當中的人，都希望「自己能變成社長」。不過，譬如在擁有一萬人員工的公司裡，最後能變成社長的不過是千裡挑一吧。

有些時候，當不了社長才是幸福的，但幾乎所有的人都會哀嘆「當不成社長，真是不幸」。一旦有人坐上社長的位置，就會羨慕不已，「為何那傢伙的運氣那麼好」，並到處傾訴自己當不上社長是何等的不幸。然而，還有一種情況叫「當上社長的不幸」。

當經濟處於成長期，做什麼都順風順水的時候，做為一個裝飾品，象徵性地坐在社長的位子上，也並無大礙。但如果從低成長期進入通貨緊縮，甚至到了遭遇亂氣流的時代，身處得負重責的立場將會使人非常痛苦。晚上，員工都已香甜入睡，但社長卻會常常輾轉難眠。

此外，過去人們常說，只要當上高官，過了五十歲就可以空降到其他民間公司，在各個公司兜兜轉轉就能拿到退休金，真是令人羨慕。但現在的高官即使去了民間公司，處境也多半很艱難。

以前只充當門面就可以了，但現在卻已行不通。明明對業務並不精通，卻被要求在業務上做出判斷。因為不知該如何判斷，所以變得十分難受。在該公司做了幾十年、經過層層選拔上來的人才有能力判斷的事情，從外部空降而來的人，對此不太可能能做出決斷。

因此，過去空降到民間公司的高官，可以悠閒地度過後半生，但現在卻不斷出現上吊自殺的情形。世人感到不解「那樣了不起的人，為何非尋死不可」，但其實多半是因為工作上的問題無法解決。

不同於只當個裝飾品就行的時代，現在公司要求他們做出重要的決策，但一旦決策出現失誤，人們將不知何去何從，或者社會無法原諒此人，嚴厲地批評此人，如此壓力實在難以承受。

還以為「自己還是以前那個自己」，但隨著不斷出人頭地，往上跨出一步後才剛想鬆一口氣「這樣就能輕鬆了」，反倒發現自己「如坐針氈」。這真是太可怕了。

## 煩惱的種子也是培育自己的種子

處於成功的階段時，人往往難以發現其中已播下了往後失敗的種子，這是因為成功者的自尊心會變高，變得難以聽進其他人的意見。

因此，自己有些缺點或弱點的人，或者是時時對此有所意識的人，從某種意義上來說或許是幸福的。

正如「一病息災」一詞所示，身體抱恙的人會一直留意身體，所以能更健康長壽，而那些徹夜不眠，卻仍活蹦亂跳的人反而是危險的。

同樣的，年到三十歲、四十歲、五十歲，還能總是意識到自己不足或缺點的人，就不會勉強自己，所以仍有成長的餘地。

各位應該都有著幾個煩惱的種子，但希望各位能認識到，那亦是能勉勵自己、培育自己的種子。

譬如，就算到了六十歲、七十歲，對於自己的知性層面還有著自卑情結，其實是很難能可貴的。一般來說，人們在更早的時期就會放棄追求知性了。但是到了六十歲、七十歲，還能夠感覺到「自己學習不足」、「自己能力不夠」、「自己的想法尚不周全」，光憑這一點，就意味著此人是一個優秀之人。這就表示此人「對自己仍不滿足」，所以還有成長的餘地。

隨著自己認識並經歷各種事物，人會慢慢發現，在互相矛盾的事物中，究竟藏著何種引導往後成功或發展的種子。

譬如，年輕人有著體力、感性豐富，但弱點是缺乏知識和經驗。

但是，隨著年齡的增長，毫無疑問身體會逐漸變弱，感性也慢慢鈍化，神經也會變得略微大條，對於某些事物會變得無感。作為年輕人特徵的體力與感性會變得薄弱，但取而代之，知識和經驗會變得豐富。

就像這樣，原來的東西會被相反的事物取代。

年輕的時候，怎樣逞強都無所謂，但過了四十歲，逞強就會變得不太有用。於是，接下來就只能考慮要如何不逞強，也可以持續工作下去的方法。知識和經驗就是為此而存在的。

此外，如果像年輕人般的感性慢慢消失之後，就必須考慮把那些不具感性就無法勝任的工作或發想，交給年輕一輩了。

如上所述，人必須轉換與自身年齡相應的思維。將來能勉勵自己、培育自己的能力，通常都是與現在使用最多之能力的相反之物。

以體力為傲的人，將來需要的則是體力之外的事物，也就是知識和經驗。

此外，當知性過於強大，有時意志就會變弱。或許有人會覺得「見多識廣，應該很不錯」，但有時見識的東西太多，有可能在某種意義上會削弱意志力。會變得沒有勇氣，優柔寡斷，無法採取行動、無法做出結論、無法往前邁步。

知性之人意志力容易薄弱，所以必須努力培養堅強的意志力。

反之，意志堅強之人在某種意義上就意味著頑固，不聽他人的意見，我行我素。「意志堅強」，這作為長處的同時，也包含著弱點。為了彌補這個弱點，就必須補足知性的部分，否則就無法成長。

就像這樣，成功的重要因素雖然多半在於長處，但為了能持續成功，關鍵通常即在於自己成功要因的相對之處。

須知，與自身優點相反的事物中，存在著引導自己邁向未來的種子。

過去我曾說過，投身於宗教之人，其中有非常多的人其精神內容很豐富。

當然，靈界當中只存在著心、想法或稱之為靈魂的存在，沒有任何與物質相關的東西，所以具有精神性就足夠了，任何物質都無法帶回靈界。

但是，既然是活於世間，太過於注重精神的人、太過於理想的人，經常就會被世間之事絆住。這樣的人若是能多少抱持著世間的知識或見識，稍微努力能合理性思考的話，其效果將會非常顯著。

相反的，太過理性的人，也就是除了合理的事物，其他一概不相信的人，或許這部分會變成瓶頸，導致經常與他人發生衝突。這樣的人有必要磨練自己對於神祕事物的感性，若是此人能稍微留意一下自己至今不想理睬的神祕事物，並試著打開心房的話，就會看見不同的一面，進而與他人的關係也有所改變。

人生的發展，在某種意義上來說，就是擴大自己之旅。

至今，各位應該是憑藉著自己的某些長處，開闢了前方之路。並且，一路上也因自己的缺點吃了不少苦頭。但是，在擴大自己的旅途當中，若不能從缺點當中，發現下一個長處的種子，那就無法進一步的擴大自己、發展自己。此外，若不知「長處當中存在著未來的陷阱」，那麼也將難以變得更加聰明。

「時常思考、思索，有著巨大的力量」，對此若非加以實踐，否則就無法理解箇中含意。每天頭腦放空，這樣也能過得下去，但是「不斷地淬煉自己的思維，努力編織出新的想法，其實有著無比的力量」，對此越是加以實踐之人，即會體會其中奧妙。就像在武術中越是精進，其身手就會變得更加矯健一樣，鍛鍊思考、思維也是同樣的道理。

# 3 人生就是發現自己之旅

## 人生的兩個目的

若思索人生的目的，我想第一個目的終究就是「發現自己之旅」。

「帶著個性轉世而生」，這本身就意味著「要好好探究自己的人生」。這是指，要好好探究自己，發現自己為何帶著如此個性而生，自己被賦予了何種人生。任誰都無法逃避如此探究自己之旅、發現自己之旅。

人生的另一個目的，則是與他人有所交集，在與他人或社會的各種關係中，自己能發揮何種作用。也就是說，在與他人的關係中瞭解自己，以及學習作為互相影響的存在而生存下去的重要性。

這就是人生的兩個基本目的。

如果沒有他人的存在，只有自己一個人，那麼人是難以瞭解自己的。正因為有許多抱持不同想法或意見的人，有喜歡的人、討厭的人等各種各樣的人，人才會開始瞭解自己。透過瞭解人與人之間的差異，才會明白自己的想法是否有所偏差，是否是一個平均普通的個體。

他人不會變得像自己期望的那樣，但是從教導自己的意義來看，世間存在著各種不同的人，真的是值得慶幸的事。

「居然有這樣的人？居然有這樣的想法？竟然還有這種性格？」，雖然對此會經常感到不可思議，但是為了從他人身上的反射來了解自己，世間存在著抱持多樣能力或個性的人是有其必要的。正因如此，人選擇了群居生活。若是沒有他人的存在，就會無從了解自己。

其實，這也就是稱為佛或神的存在創造世界的理由。佛神藉由展開相對的世界，也就是藉由創造相互磨合的世界，讓人加深對自己的認識，並能享受自己的可能性。

## 映入佛眼中的世界

而當人進一步提升宗教性的境地時，就會發現一些不可思議之處，你會發現自己的「差別觀」和「平等觀」變得很發達。

修行越深，就會越清楚地看到「人的差異或能力的差異竟會如此之大」。人的能力的差異、天生的差異、作為人存在的差異、佛性萌芽方式的差異，隨著每個人的不同，各自會有何種程度的階段差異，自己會看得非常清楚；這就是差別觀。

與此同時，你還會萌生另一種平等觀。你會看到，在存在著如此眾多差異的同時，各自又會被不可思議的觀點統合在一起，進而看來大家都是平等的存在。你會發現，儘管每個人之間是如此不同，卻擁有著平等的生命價值。

此外，你還會明白「人類之外的生物、動物、植物，都擁有著光輝的生命，跟人類一樣，都在進行著修行」。這是一種難以言表的不可思議，你會變得了解動植物的心。

它們也都在修行，經營著社會生活。

動物們也會組建家庭，為了獲得食物而辛勞著。有些成員是承擔困難工作，有些成員則是負責輔助工作，彼此分工努力生活。

明白了這些複雜的事，才能看出生命的平等觀。

若是能統合看待差別觀和平等觀這兩種矛盾的觀點，就等於具備了「佛眼」。在佛的眼中，這二者都能看得到。

慈悲，有時候也被稱為「大悲」，以那巨大之眼眺望世間，就會看到萬事萬物、一切眾生的痛苦之姿、辛勞之姿，以及雖然痛苦卻仍奮力生活下去的樣貌。你會看到，從微小的生物到高度發達的人類，皆背負著各自的苦處和悲傷，一同在這地球發光閃耀的樣子。

其樣貌是非常傷悲，同時亦十分溫暖。在那看似背負著悲傷的同時，亦會看到充滿希望、光明的模樣。

若無法擁有如此兩種矛盾的視點，其實就無法說你進入了覺悟的世界。

在進入如此覺悟的世界的過程中，有時必須強烈地磨練差別觀或平等觀中的其中一種，並在磨練之時，又必須要加以超越。

在把矛盾的事物予以統合的立體活動中，其實存在著通往覺悟的階梯。並且，其中存在著「為何世間並非僅完結於世間，而是與實在界相連」的理由。

# 4 自己認識的變化，才是靈魂的成功

## 突破極限之時

人生雖然有著眾多煩惱或痛苦，但希望各位能認為那是很可貴的。各位必須深刻認識到那份可貴。

沒有煩惱，也就意味著沒有發展性。在各位所抱持的煩惱當中，應該有些是無法加以解決的，但其實其中隱含著無限發展的可能性。

沒有必要對經歷眾多失敗的人生感到懊悔，在失敗當中，必定隱藏著日後創造之芽、發展之芽。

如此自己認識的轉變、擴大和發展，其實正是靈魂的成長過程。這般自己認識的變化，正是靈魂的成功。為此，人抱持著肉體轉生於世間，從嬰兒歷經數十年長大，最後上了年紀後死去。

各位必須知道，自己認識的變化，其實就是覺悟的真實之姿。

我自己也經歷過眾多自己認識的變化。

我從一九八五年開始出版靈言集，記得在出版了《日蓮的靈言》、《空海的靈言》、《基督的靈言》（現今收錄於《大川隆法靈言全集》〔宗教法人幸福科學刊行〕）這三本靈言集之後，我就覺得「已經足夠了吧」。當時感覺「自己已做了充分的工作，使命應該也完成了吧」。

「已經傳達了這麼多的真理，這一世自己生於世間的意義已經很充分了。就算現在死去，我的工作也大致算完成了，應該這樣就可以了。我已經告訴世人靈界的存在、靈界當中靈人的存在，也出版了耶穌基督的靈言，再繼續下去的話可不得了」，當時我是如此想著，並已經感到滿足。

當時，我沒有預想到自己在往後會如此兢兢業業地工作。但是，當時工作並沒有就此結束，剛以為「終於做完了」，工作卻又接連不斷地出現，完全沒有終止的一天。

即使自己以為「已經到極限了」，但那般極限仍有後續。不可思議的是，一旦認識到自己的極限，就能突破那般極限了。這實在不可思議，但是當你認為「以自己的能力來說，這已經是極限，無法再繼續下去。自己也經歷了許多失敗，不可能再繼續下去」，但之後多半都能突破那般極限。

若是沒有到達那境界，恐怕就無法突破極限，但是當開始出現痛苦，最後低聲呻吟著「難道就沒有其他辦法了嗎？沒有其他想法了嗎？」的時候，新的方法就會出現。

我自己也是在出版了三本靈言集的時候，就以為「已經差不多了」，即使到現在，每年還想著「做到這一步大概就可以算結尾了吧」。然而，即便認為「應該已經沒有什麼該講述的了吧」，但不可思議的是，接下來又會繼續出現其他主題。

之所以如此，我想應該是因為，過去和現在聆聽我的教義的人，其反應各有不同，接收我所講述的法的人，出現了眾多眼所不可見的反應，因為這些反應，我自己也發生了變化。

我在三十歲左右，感覺自己的體力和知識都很充沛，總覺得「自己身強體壯，且頭腦非常靈敏，什麼都知道，什麼都能回答」。

但隨著年紀增長，很不可思議的是，我開始感覺不知道的事物開始變多，「這也不知道，那也不知道，這個沒什麼自信」，這類的事情漸漸變得越來越多。

這是因為我講述法話的對象，其階層開始有所改變。

幸福科學剛起步的時候，是以對靈性事物感興趣而前來的少數人們為中心，只要能夠讓那些人們感到滿足，就很足夠了。當時齊聚而來的人們，其需求也僅止於此，沒有更多的追求。

然而，隨著我在一定程度上被社會認可，聽眾的階層逐漸擴大之後，各種人們紛至沓來，其中還包括外國人。各種的人們閱讀我的書籍、聆聽法話，對象不斷擴大。

因此，在思索收到的眾多迴響之後，我漸漸感覺「自己不知道的東西太多了」。「這樣的人也有，那樣的人也有，連這樣的人都在本會學習」，一想到這些，我就漸漸地感覺到自己有太多不明白的事物，心想「這可麻煩了」，進而陷入不安。

就像這樣，我一開始時覺得「知識也充足，覺悟也充足，氣力和體力都很充足」，但隨著年紀的增長，漸漸感覺到自己有不足之處，開始變得沒有自信。

並且，我常常在以為「這應該就結束了」的時候，迎來更進一步的發展，這實在是太不可思議了。

## 自己有所成長之時，就能看見自己的缺點

這一點，如果只看自己就會很難發現，但如果和其他事物對照思考之後，就能一目了然。

在本章的第1節中，我提到了「在孩童時期，最好多看大人優秀的一面。即便大人身上有著缺點或弱點，但若是能不要那麼在意，並只看優秀的那一面的話，孩童的成長速度會比較快」。這個道理同樣適用於宗教團體。

幸福科學剛開始成立時，其他比我們早先成立的宗教團體看起

來聲勢浩大，我覺得「他們竟然能推廣得這麼好」、「書籍也出版了不少，信徒眾多，相當受到社會認可，實在很厲害，真想趕快變成那樣」。

然而，隨著活動持續開展，從某時開始，我發現到其中幾個教團的弱點或缺點。「那教義有一點問題」、「營運方式有著弱點」、「這個教祖在這類問題上經驗不足，似乎有些不明所以」，我發現到他們有著這些問題後，進而開始感覺到不對勁。

事實上，那正好是我們快要超越那個教團的時期。

並且，當本會遠遠超過那些教團之後，我對他們的思維方式、教義、行動模式、弱點，甚至包括「對於某問題應該怎麼做」都已了然於胸。

當那個教團還是一個遙遠的目標時，我們完全看不到他們的缺點，只覺得很是優秀。但是當超過他們的時候，就能夠清楚地看到那些缺點。

當能夠看到那些缺點時，有時會覺得自己的性格怎麼變得這麼不好。但是，當自己的認識力逐漸提高以後，就變得比較能清楚看出對方的錯誤或極限。

至今，已屢次出現如此情況。

雖然並非有意為之，但是當我對幾個宗教提出批判性話語的時候，多半都是我們即將要超越該團體的時候。那般批判，並非是在講他們的壞話，而是因為我看到了他們在教義或營運方面的缺點，無論如何都想要加以指正。

而當我們完全超越他們之後，就變得不在意他們的作法，進而之後也就不再置喙了。

這個道理，在個人層面上，對每一個人自己來說也一樣適用。當了解到自己的缺點或弱點、失敗的時候，就是此人擺脫過往自己的時候。

除非要到快要蛻皮的時刻，人是很難明白自己的弱點或缺點的。滿足於現狀的人，對此是難以發現的。或者說，即使發現了自己的缺點或弱點，也會想方設法加以掩蓋。此人會盤算著「得將自己缺點或弱點藏起來，或者用自己長處想辦法蒙混過去」。

因此，一旦能清楚地看見自己的缺點或弱點，那就表示自己已到了更進一步成長的時候。

認為「自己沒有失敗」的人，其實都已經遭遇了各種失敗，只是此人不明白而已。

特別是，當目光變得更敏銳之後，就會經歷眾多「在失敗之前，知道自己快要失敗」的經驗。

# 5 如何逆轉命運

## 了解「靈魂的傾向」，即可預知命運的未來

在此，我想思考一下關於命運。

我長年累積作為宗教家的經驗，若有人問我「人生是否存在著命運」，我會回答「命運理應存在」。

但是如此答案，並非意味著人生絕對無法改變。每個人皆有各自的靈魂傾向，見此人靈魂傾向，即能大概預測出此人往後的人生。所以，在如此意義上，不得不說有著命運的存在。

觀察此人的靈魂傾向，大致上就能預測此人往後會因何而成功或因何而失敗。此人五年後、十年後或者是晚年的遭遇，見其靈魂傾向大概就能預測。在這層意義上，命運是存在的。

然而，還是有克服命運的方法。換言之，只要抱持著研究心、觀察自己、觀察他人，分析自己的靈魂癖好或傾向，縝密地分析自己的優點和缺點，「我要改變自己」、「我要蛻去現在自己的殼」，若有人能這麼想，此人的命運即會改變。

如果自己的命運是被詛咒的、是險惡的、是難以逃避的，那麼擺脫如此命運的方法只有一個，那就是確實地掌握住自己的靈魂傾向。若能確實掌握，那麼即能看到自身未來的命運，而若能看到未來的命運，即能提早做出防範。若知自己未來會變成何種樣子，屆時予以避免就可以了。

就像這樣，迴避掉可能發生的危險之事，並且還要進一步地開發自己的能力。從自己的缺點當中發掘長處，從長處當中發現未來可能引發失敗的種子，藉此，接連地打造長久連續的成功。

雖然命運的確存在，但是加以發現並改善，依舊是可能的。

## 過度的欲望將毀滅自己

但即使如此，仍有無論如何也無法改變的命運。對於那樣的命運，我奉勸各位還是放棄吧。

人生當中一半的痛苦，來自於與自己身分、能力不相符的欲望。欲望當中，存在著必須得有的成長欲，但是仍有一半的痛苦是起因於那與自身不相符的欲望。

因此，「知道命運」其實也就是「知道天分」，就是「明白自己的分際」。

明白自己的能力、性格、體力的極限而過的人，惡魔是難以加以動搖的。對於那知道自己極限、分際的人，想要設陷使其墜落是非常困難的。

但是，要讓不知分際的人落入陷阱就很容易，只要在其前面挖坑洞就好了。對於這種人，惡魔也不需要努力，也不用腦力，只要在前方幾公尺處用鐵鍬挖個洞，此人直直走就會自己掉落，實在簡單。單純地認為「自己的能力沒有極限」的人，就會變成那樣。

人的可能性是無限，但因為有靈魂的傾向，所以還是會出現極限。

為了突破那般極限，就像前文所述，要觀察自己的長處及短處，以及他人的長處及短處，經常將自己和他人進行比較，進而研究自己的人生。但對於無法加以超越的部分，就必須認識到這是控制欲望的問題。認識到「過度的欲望將毀滅自己」的人，是不會失敗的。

過度的欲望稱之為「執著」，藉由捨棄那些執著，就能變得幸福。這是一條適用於所有人通往幸福的道路。希望各位能認識到，自己的欲望中，大概有一半是過度的。

在本章的第2節中談到，「對於大部分政治家來說，當不上總理大臣才是幸福的，當上總理大臣才是不幸的」，這個道理同樣適用於普通人。雖然朝思暮想「自己希望變成那樣」，但有時候，沒變成那樣反而才是幸福的。

譬如，有些人因為無法成為理想當中的家庭主婦，但變成了職業女性之後，反而變得幸福。有些父母親把孩子的課業不好，視為不幸的種子，但也有孩子因為課業太好，親子之間無法良好的溝通，家庭變得不幸的情形所在多有。

就像這樣，沒有極限的同時又有著極限，有極限的同時又沒有極限。

## 從他人的角度看待自己

以前，在我還沒那麼容易被認出來，可以自由行走於外面的時候，曾經發生了以下的事情。

在我外出返家之際，經過了附近的蔬果店，那家店的老闆和老闆娘出來打招呼，他們給人的感覺非常好，散發出了生意興隆的氛圍。

他們店外的屋簷底下，張貼著某個宗教的座右銘，可以想見他們一家都信奉那個宗教吧。

因為他們走出店外到道路中央處向我打招呼，讓我感到他們真的非常和藹可親，但因為店內商品價格頗高，所以最終我什麼都沒有購買。

那對夫妻相處融洽且和藹可親地經營著那間蔬果店，我想是因為他們實踐了那個宗教的教義，所以總是平易近人、笑容滿面地說著「謝謝，謝謝」。不過，他們雖然親切和善，但因為價格偏高，所以我很少在那邊買東西。

這一點讓我感覺到了那個宗教教義的極限所在。

那個宗教估計是教導了人們「為了讓生意興隆，要微笑待人並保持平易近人，不可忘記如此精神」吧。

然而，人也是會做合理的判斷，縱使被騙了一次、兩次，但不會永遠被騙下去。當多走幾百公尺就有更便宜、更多好的品項的店家時，不會有人因為他們很和善地打招呼，而特地跑去那間店買東西。有時可能會出於好感而在那間店購買，但不會屢屢購買。

我想那間蔬果店至今仍是以同樣的規模在經營吧。規模之所以無法擴大，是因為缺乏了合理性的思維。

就像這樣，固然是自己埋下了難以突破極限的原因，但劃出了那道極限的，其實是他人的客觀評價。從世間的角度來看，那可能是因競爭而產生的結果，但難以突破極限的部分，實則是來自他人的客觀評價。

因此，當感到「明明我是那麼拚了命地努力，道路卻不為我敞開」時，必須試著具備客觀性的視角。

當然，如果認為「不要太過發展會比較好」的話，那也是一種見解。「代代相傳，一直以同樣規模、夫妻倆共同經營蔬果店，這樣就是幸福」，這也稱得上是幸福人生吧。又或者，「生意規模保持現狀就很滿足了，在宗教活動或生意以外的地方另有生命價值」，這亦是很美好的人生。

不過，對於那些「希望蔬果店規模再大一些，希望能發展成超市規模」的人而言，對於現狀會感到有所不足吧。

要選擇什麼是各人的問題，但當你覺得「我明明那麼拚命地努力了，前方的路卻打不開」的話，就試著想想客人的立場、旁觀者的立場吧。

## 持續不斷思考

在幸福科學進行傳道活動的人當中，應該有人無法順利地傳道，進而認為「這麼好的教義，為什麼會是這樣的結果呢？」。但是，就對方的想法來說，有可能會認為「如果是更優秀的人來傳道，或許我會加入，但若是這種程度的人的話，那就很抱歉了」，進而回絕並說著「我已經很幸福了，不用了」。

「明明是這麼好的教義，怎麼就是不相信呢？」，在傳道碰壁時，若是試著轉換一下立場思考的話，就會知道你也有可能會有那種反應。

此外，雖然有很多人閱讀著我的書，但也有不讀的人。在那些人們當中，有一些是在其他宗教學習的人，也有一些人認為「即便自己不讀宗教的書也已經十分幸福了」，或者是有些人認為「信了宗教就會變得不幸」。

其中有些是偏見，但對於這樣的人們，必須思考要如何才能加以引導。

作為宗教的真理，靈魂、靈界、佛神皆為真實的存在。但是，對此不相信的人們，全世界有數億之多。要改變這樣的世界，需要巨大的能量，並非那麼簡單，這必須要有強大韌性且廣泛地於各領域推展活動。

為了突破極限，終究必須意識到反方的看法。

並且，當無法突破極限的時候，那也是有其意義的，必須要經常地思索該如何面對才行。在不斷思考的過程中，就會出現為了讓自己成長的下一個臺階。

我認為，幸福科學是還會持續成長的宗教。在我自己成長的同時，在教團中學習並活動的人們，亦是會持續成長。

我要將這種無限成長的基因傳承下去。

期盼各位把本章內容作為一個提示，關心自身靈魂的成長。

# 第2章

# 多增加一分的工作術

——變得擅於工作的四個觀點

# 1 活於天命

## 能否從工作中感受到人生價值

各位之中想必有很多人希望能夠把工作做好，但是否常常不如己意，被工作搞得焦頭爛額呢？

為此，在本章中，無論是新進員工或社長，男性或女性，針對那些「想要提升工作能力」的人，我將講述「多增加一分的工作術」的這個主題。

有一個指標，能夠如同進行石蕊試紙測驗一樣，輕易區分出此人有無工作能力。那就是「此人能否在工作中感受到人生價值」，很少有人能夠在感受不到人生價值的情況下把工作做好。

有些人天生的能力就很高，即便是自己不喜歡的工作，要做也可以做得很好。但是，討厭的工作畢竟難以長久堅持下去，縱使一開始做得很好，但持續了幾年之後，便會漸漸感到厭倦。工作成效變得越來越差，周遭人們對自己的評價也不再改變，最終就是在某個時間點選擇黯然離職。

因此，「在工作中感受到人生價值」這非常重要。「人生的價值」是一種較為現代的說法，如果換成古風一點的說法，那就是「活於天命」。

職業是連貫一生的，在學校學習的年數大概是在三年、四年或六年左右，但工作會持續幾十年。現代當中，轉職的人很多，有的人會經歷好幾種工作，但是那些反覆轉職數十次的人，其個性算是非常容易感到厭倦的人，一般人，大多一生只會從事一種工作，再多也頂多二、三種工作。

你會有很長的時間跟維持自己生計的工作相處，所以若是自己從事的工作遠離了自己的天命、與生俱來的命運或轉生到世間之前的人生計畫，那將是非常不幸的。如此一來，出生到今世的意義將所剩無幾。然而，有些人現在從事的工作，事實上已經脫離了原本的人生計畫。

靜靜地審視己心，如果感受到了人生價值或天命，並從心中浮現出「我就是為了這個工作而生的」的心情，就代表現在的工作是適合此人的。可以說，這樣的人獲得成功的可能性非常高。

然而，如果你非常想要辭去現在的工作，那麼無論再怎麼樣被強迫，都恐怕難有大成。有些人認為「現在的工作並不適合我，我有其他想做的事，那才是真正適合我的工作」，這種情況就應該是自己選錯了地方，應該要換一份工作。

只不過，如果是對工作本身感到厭惡，那麼無論做什麼，幾乎都不可能成功，這個社會中這種人也存在著一定的比例。

總之，為了讓工作能力多增加一分，首先必須要從工作中感受到人生價值。其根基就在於，能否深刻地感受到「從事這份工作，充分展現了自己的天命、與生俱來的命運」。

「自己要透過這份工作為世界奉獻，回饋世間。自己要透過這份工作做到自我實現，為世界、為人類盡心盡力」，假如你能夠這麼想，光是抱持如此想法，工作能力就會慢慢提升。

不過，若是無法抱持這種思維，只是做一天和尚撞一天鐘，那就不可能成為工作高手。「雖然沒想過要把工作做得很好，但希望每年都能調漲薪資。即使工作做不好，但只要能調薪，就是最幸福的事了」，如果有人是這樣想，那麼幾乎不用期待此人能在工作上有什麼表現。

「在工作中感受到人生價值」，也意味著「可以透過職業這一媒介，將自己在這世上被賦予生命的意義，發揮到社會之中」，重要的是抱持「自己能夠藉由這份工作為世界貢獻」的心境。

這也可以稱之為「使命感」。對工作是否抱持著使命感，這兩者是有著天壤之別的。

對於沒有抱持著使命感，只想著「不勞而獲，滑頭地遊走於世間」的人，無論對此人如何說教，都是不管用的。對於這類人，只能對他說「當人生結束之際，請自己看看最後的結果」。

重要的是在工作中感受到人生價值，並透過工作去發現在那價值背後，今世被賦予生命的意義。

## 在現有環境中做到最好

對各位而言，目前就職的公司，未必是你的第一志願，或許你還另有其他想進的公司。從幾個選項中，你最終被選擇的並非是第一志願，而是現在的公司。「第一志願和第二志願都落空了，這間公司是第三志願」、「這間公司是第五志願」、「沒能進到自己所希望的公司，但這間公司恰好還有職缺，所以就進來了」等等，諸如此類的就職原因也是存在。

但是，在這世間當中，能進入第一志願的公司就職的人並不多。

此外，如果問那些順利就職於第一志願公司的人，是否真的把在那裡上班視為這一生的命運，答案也未必是肯定的。想必有很多人是出於「社會評價很高」、「公司知名度很高」、「薪水待遇似乎很不錯」等原因，而將其定為第一志願。

對於那些選擇公司的原因，並非是「我生於世間就是為了進這家公司」，而是出自於「因為學校的朋友們都想進到那間公司」、「這間公司在人氣排行榜上名列前茅」等原因的人而言，是否該把這份工作視作一生的事業，或許對此人來說就不是那麼重要的問題了。

守護靈或指導靈等位於天上界的高級靈們，並沒有什麼積極理由，非得對這一類型的人提供幫助。他們會認為，此人既然是僅憑社會評價而決定就職的公司，那就沒有必要花那麼大的氣力去支援他們。

現代有很多人都成為了上班族，無論任職的公司是否是第一志願，但他們最終皆認為，自己跟這間公司有緣，自己在這裡找到了天命。對於那些想著「我是因為跟這間公司有緣才會入職，我的天命就在這裡」的人而言，他們會在這間公司穩步升遷、獲得成功，從事自己想投入的工作，最終活出天命。

然而，如果同事、部下或上司當中，有人整天憤憤不平地說著「我真不該進這間公司，肯定是哪裡搞錯了」，那麼身處那間公司的人會變得如何呢？

假設一個新進員工從任職第一天就說著「我真不該進這間公司」，那麼周遭的人大都會說「職場環境都被你搞得烏煙瘴氣，你還是盡早離職吧」。

又或是公司的前輩，對一個幹勁十足的新員工說「你呀，真不該來這樣的公司。你進錯公司了吧」，那麼此人想必會失去幹勁吧。

整天抱怨的員工會給公司帶來負面影響，若此人職位不高的時候態度就是如此，當職位越來越高時，對公司的危害也就會越大。假如此人是公司部長職位的話，其危害是更加巨大的。

因此，不要一直被世人的眼光或他人的言論所影響，重要的是在這間有緣的公司，發現自己的天命，在這間與自己投緣的公司發揮自己的天命。

即使自己的天命不在這間公司，但前方之道會為那些拚命努力的人展開。對於不努力的人，下一扇門是不會打開的。

具有強烈的愛公司精神，經常覺得「我現在在一間好公司上班，從事著一份好工作」，並且經常在父母、兄弟姊妹、朋友，以及其他認識的人面前誇讚「我待的這間公司是個好公司」的人，最終將獲得升遷。然而，走出公司以後，就以為公司的人都聽不到，而不斷說公司壞話的人，是無法出人頭地的。

這種情況不限於公司。舉例來說，一個補習班的老師，在補習班裡裝出十分努力於工作的樣子，卻在外出吃飯時抱怨「再怎麼在我們的補習班裡補習，也不會有人上榜的」的話，就違反了自己的使命。抱著這種念頭工作的話，是不配拿到薪水的。

如果有人說出「我只是為了混一口飯吃，才偶然到這間補習班教課的。在我們這家補習班啊，就算努力學習，也不會有人上榜的」，那麼即使此人說的話是事實，也談不上此人擁有一個正確的職業觀。只有抱持著「我一定要好好地教，讓我們的學生都能上榜」的信念工作，才能說這合乎職業精神。

一個人如果沒有抱持「無論在何種職場，只有在做到自己的最佳表現時，天命才會出現」的心態的話，是幾乎無法成功的。

此外，那些說自己的職業或職場壞話的人，必須反省「事實真是如此嗎？難道不是只是因為自己討厭工作嗎？難道不是因為自己是懶惰之人嗎？」。

能力好的人無論做什麼，都能夠拿出一定程度的成果。一個人固然會對某種工作感到「這就是最適合我的工作」，但在世上有著數千種職業的情況當中，卻少有「只有這項工作非常在行，其他工作全部一竅不通」的情況。能把一項工作做好的人，其他工作多半也會做得不錯。

舉例來說，能夠在珠寶店銷售戒指或項鍊的工作中，取得好成績的人，只要掌握一定的專業知識，那麼無論是賣女裝還是銷售汽車，大致都能取得好的業績，職業大多都是如此。

因此，決心於「在自己被賦予的環境中盡最大努力，發揮天命」就很重要了。光是如此改變想法，就可以蛻變成跟昨天為止完全不同的自己，從今天開始就能在工作上越來越上手。

擁有如此自覺，即是通往成功的道路。

## 2 鍛鍊自己的方法

### 不經過努力，實力便無法提升

對於多增加一分的工作術，接下來我想指出較為具體的內容，那就是「鍛鍊自己」。為了能夠變得更加擅於工作，鍛鍊自己不可或缺。

以游泳為例，沒有人不經訓練就會游泳。當然，想游得跟游泳選手一樣好，與生俱來的運動神經和體魄等多少有所影響，並且如果目標是成為奧運選手，大多數人再怎麼練習都難以企及。只是，即便是奧運選手，也肯定並非是不經過練習就會游泳的。

此外，即使說是要進行游泳訓練，在榻榻米上訓練也是不行的。除非實際下水練習，否則不可能學會游泳。

這道理同樣適用於學習英語等外語上。頭腦再怎麼聰明的人，如果不去學習的話，也絕對學不會外語，這一點我可以保證。反之，只要學習了，縱使每個人變得熟練的速度有所差異，但最終都能學會。

無論做什麼事，只要經過鍛鍊，人人都可以在能力允許範圍內，將實力提升至現有水準之上。

在跟比自己優秀的人進行比較之後唉聲嘆氣，這是每個人的自由。但人們並不知道，那些優秀的人在不為人知之處，究竟付出了多少努力。

因此，首先要與自己戰鬥。

「鍛鍊之後，自己沒有什麼長進」，這種事是不可能發生的。無論是頭腦、肉體、心理或宗教上的覺悟，「在與自身的戰鬥中，經歷了鍛鍊卻仍無發展」，這種事是絕對不存在的。

## 「閱讀」──從書籍或報刊中獲取素材

從工作整體來看，最正統的鍛鍊自己的方式之一就是「閱讀」。在閱讀中，書籍的閱讀當然占了相當大的比例，但報刊的閱讀也包含在內。

「閱讀」就是獲得情報、獲取素材。

烹飪也是要先從收集食材開始，巧婦難為無米之炊。當然，在烹飪的階段，根據廚師的廚藝好壞，呈現的結果就有所不同，但假如缺乏食材，就談不上要烹飪了。

工作也是一樣。在工作中，不管是生產汽車或其他產品，又或是製作文件，工作內容可說是各種各樣，但這些也都是以工作的形式，烹飪每天的「料理」而已。由此可知，收集素材是非常重要的工作。

收集素材的方法之一是「閱讀」。透過閱讀書籍或報刊，可以獲得思考的素材或工作的材料。每天都會有新的工作出現，所以為了順利應對這些工作，各位必須時常收集新的素材。

閱讀是工作的基本功。一般來說，經常閱讀的人，工作表現大多比較出色。閱讀和工作之間有著七、八成的關聯性。經常讀書或瀏覽報刊的人當中，有七、八成的人工作表現都較為突出。這是因為積極收集素材會使頭腦運轉迅速起來，所以一般來說，工作表現都會提升。

但是，仍舊有兩、三成是經常閱讀，工作卻仍做不好的人。

這些人當中，有一種就是人際關係處理不好的人。他們喜歡一個人關在房間裡埋頭讀書，無法與他人互動，所以工作自然也就做不好。不過，即使是這樣的人，只要此人經常閱讀，仍舊有其他個人的成功之道。

此外，還有一種是流於惰性或習慣，只是漫不經心地閱讀的人，這種人的工作也是做不好。這類人就像是把水龍頭打開，讓水「唰」地流出來一樣地去瀏覽書籍或新聞，所以抓不到要點。讀了很多書，但工作就是做不好的人，幾乎都屬於這種類型。

這種人已經逃進了文字的世界，不做點什麼，就會覺得心神不寧，所以才會選擇閱讀。但事實上這些人是拒絕思考，拒絕下工夫探討事物。

即使大量閱讀報刊，但如果不將內容運用於工作，也就沒什麼意義。能夠從眾多的報導中抓取要點，抓取似乎可用於工作的內容的人，工作會逐漸上手。但即使有大量閱讀，卻只是在漫不經心地打發時間的人，則沒有辦法增進工作能力。

進一步來說，有時閱讀的素材本身也存在著問題。例如，有人會一味地閱讀那些沒意義的無聊閒書，這樣的人雖然能聊八卦，但卻無益於提升工作表現。

所以，有大量閱讀卻沒法做好工作的人之中，有些人是人際關係處理得不好，有些人是漫然地在閱讀所以抓不住重點，也有些人是讀的書籍本身內容品質不佳。

我建議那些讀書走馬看花的人，在閱讀的時候，下工夫掌握要點較為理想。在讀完一本書以後，培養回過頭來思考的習慣，「這本書能提供什麼參考」，如此思考訓練很是關鍵。

重要的是，不要「被作者讀」，而是要更具主體性地去讀書。書籍的作者會花幾百頁的篇幅描寫各種內容，來表達「我想說的是這個」，但讀者與作者關心的內容不盡相同，所以不要忘記去尋找

「對自己來說，哪些部分是有用的？哪些資訊派得上用場？哪些內容是可以參考的？」。

「這本書能為自己提供何種參考價值」、「什麼地方有助於自己」、「可以對自己產生何種影響」等等，如果能夠以如此觀點進行閱讀，那麼既能夠提升學習能力，亦能夠提升工作能力。

然而，如果沒有自行咀嚼書中內容的能力，就會覺得像是「被書讀」一樣，很容易有「作者很有說服力地拚命講述，自己卻囫圇吞棗，僅是在消磨時間而已」的情況，所以必須要有所警惕才行。

具體來說，可以訓練自己在閱讀時，透過劃紅線來掌握重點。

## 「書寫」——寫在紙上，整理問題

「書寫」在現代也是鍛鍊自己的關鍵方式之一。當然，我並不是在建議大家書寫長篇大論。現代人由於生活忙碌，應該不會有太多時間寫長文。這裡說的「書寫」，是指將問題寫在紙上整理一番。

現代各種資訊縱橫交錯，每人的頭腦當中也進行著各種思考。因此，有時候會對「現在面臨的問題是什麼」、「自己想說什麼」、「自己目前正在想些什麼」、「自己現在打算做什麼」等問題感到不明所以，而無法繼續進展下去。

像這樣，在無法做出判斷、遇到煩惱或陷入混亂的時候，可以試著靜下心來，拿出鉛筆把這些東西寫在紙上。如此一來，多數問題都會變得非常明確。

對於那些一直顧著說「太忙了，太忙了」的人，請先在紙上試著列出「現在遇到了什麼問題」、「現在自己到底想做什麼」、「現在自己必須做些什麼」、「自己想跟上司說些什麼」等等。不需要寫很多內容，僅是備忘錄程度就足夠了。總之，請在紙上試著條列出來。

頭腦混亂的時候，如果試著把「現在有什麼問題」逐條寫下的話，就可條理清晰地整理出來，也就會明白「只要這樣做就可以了」。搞清楚應該做什麼之後，接下來只要逐一著手解決就能完事了。

但是，有很多人因為無法整理出問題而陷入慌亂。思路單純的人，只要同時面對兩、三個問題就會感到恐慌。

當你因為無法打開前方之路而感到煩惱、感到束手無策時，僅是備忘錄程度也沒關係，請試著在一張紙上寫下問題，以此整理思緒。藉由書寫，開始與自己對話，從而明白「對自己來說，現在的問題是什麼」。藉由這樣的方法，便能變得擅於工作。

早晨到公司以後，首先請坐在桌前，拿出鉛筆和便條紙等，試著寫出「今天該做什麼」、「今天自己的工作是什麼」。

「第一項是這個，第二項是這個，第三項是這個」，像這樣整理成三個項目也可以。能在一大早進公司時，寫出當天要做的三件工作，就已經十分了不起了。光是做到這一點，那一天的效率就能大幅度地提升。

然而，如果只是心不在焉地出勤，一邊喝著茶一邊想著「今天會有什麼事呢？會有電話打進來嗎？」的話，這種漫然等待事情發生的人，是做不好工作的。

因此，各位應該在早上就先寫清楚「今天能夠做些什麼事情」。

並且，在結束工作回家前，無論是六點還是八點，請在桌上放一張紙，回顧一下當天自己所完成的工作，「我今天完成了這個和這個」，像這樣把完成的工作寫下來，並思考自己做得是否足夠出色。

更可以把「今天還沒完成，要留到明天繼續做的事情」寫下來，假如能以像是「這是明天以後的工作」、「這是下週的工作」的方式去清楚整理的話，第二天的工作就會變得明確。

如上所述地去把「做完了什麼」、「必須做些什麼」明確化出來是非常重要的。

對於那些不去下這些功夫，只是渾渾噩噩地混日子的人，無論有多少時間都是不夠用的，他們的時間只會白白地流逝。「今天處理的工作有這些」、「今天已經完成了這些」，像這樣能夠把工作明確化的人，整天的工作效率會大幅提升。

## 「聆聽」——將耳朵視作工作的武器

繼「閱讀」和「書寫」之後，「聆聽」也很重要。

就跟閱讀一樣，聆聽也是在收集資訊和獲取情報。具體來說，像聽收音機或看電視，還有看影片或聽CD等皆是如此。觀看電視或影片雖然是在觀看影像，但同時也是在聆聽聲音。

聽覺是人類擁有的能力之一，透過耳朵收集資訊和獲取材料非常重要，聆聽他人的談話也具有重要意義。

各位必須明白「耳朵也是重要的武器」，不僅是眼睛，耳朵也可以當成工作的武器。

忙碌的時候，眼觀六路耳聽八方，一邊看電視並一邊讀書也是可能的。就算是在閱讀，但只要豎起耳朵去聽，也能明白電視裡在說些什麼。人可以做到這一點，並且耳朵也還有其他使用方法。

就像這樣，耳朵也是能夠充分運用的。

讓人意外的是，有很多人都沒注意到也可以將耳朵視作工作的武器。若是能夠善用耳朵，也能把工作做得更好。只不過，聆聽的能力也非常重要，透過耳朵亦能學習到東西。在學校的授課當中，有相當多的資訊都是由耳朵獲得的。

出人意料的是，透過耳朵獲得的資訊，比起透過眼睛吸收到的資訊，有著更高的黏著率。比起透過眼睛閱讀，經由耳朵聆聽別人的談話，更容易存留於記憶中。

現在是電視興盛的時代。由於看電視比讀書、讀報刊更為輕鬆，所以，越來越多的現代人選擇看電視。

然而，就知識效果而言，看電視和閱讀兩者相比較，看一個小時的電視只相當於讀十分鐘的書。那些製作十分精良的電視節目，或許訊息量會更多一些，但大多數的節目其內容皆較為空泛，我感覺到以平均來說，一小時的電視節目若換算成閱讀，只相當於閱讀了十分鐘的知識效果。

電視節目的製作過程相對比較簡單。只要把演出者講話的畫面播放出來，就能夠製作成電視節目。不過，書籍無法以這種方式製作出來。寫書必須先寫稿子、收集資料，並把稿紙的每一個格子填滿才行。此外，還必須進行校正。從這層意義來說，若將兩者的資訊品質相比較，大抵可以認為「看一個小時電視只相當於讀十分鐘的書」。

當然，有時在閱讀中無法獲取的知識，可以經由看電視獲得，比如國外的節目就是如此。對於那些自己專業以外的領域，或自己未曾體驗過的世界，有時透過看電視就可以瞭解得非常清楚。

人一般很難獲取到跟自己的領域不太相關的知識，也很少會想到去讀那些專業領域的書。舉例來說，有一個人是牙醫，所以此人對於牙齒的事情，可以說是瞭若指掌，但這樣的人幾乎不會突發奇想地去買一本遠洋漁業的書拚命讀吧。然而，當此人在電視上看到遠洋漁業的船隊，繞過非洲好望角，捕獲鮪魚的畫面後，就會明白「原來是這樣子去捕魚的啊」。

就像這樣，看電視可以輕鬆獲取，跟自己領域不太相關的資訊。對於那些自己無法經歷的事情，電視節目的資訊價值就相當高了。

只是，各位最好知道，一般來說，看一個小時的電視只相當於讀十分鐘的書。換句話說，即使一天看了六個小時的電視，所獲得的知識也只相當於讀了一個小時的書。

據說，現在美國人每天看電視或影片的時間，長達五到七小時。但是，就算一天看了七個小時的電視，所獲得的訊息量或知性的刺激，也只相當於讀一個多小時的書。況且看電視的時間過長，還會導致眼睛、腦袋疲勞。

## 「思考」──腦力激盪，讓工作更上一層樓

「思考」也是重要的鍛鍊自己的方式之一。想提升工作能力，「思考」是非常重要的作業。

在進行閱讀、書寫、聆聽的時候，會出現各種立場的自己。譬如，正在閱讀的自己、正在書寫的自己、正在聆聽的自己，以及正在思考的自己。

想把工作做好，思考能力的鍛鍊必不可少。這就跟鍛鍊肌肉一樣，思考能力也是越是鍛鍊，就越是會強化。

思考能力弱的人，即使想針對某些問題進行腦力激盪，也容易分心，連五分鐘都堅持不了。其中有些人連一分鐘也堅持不了，有

的人甚至連十秒鐘也撐不了。這樣的人想要去思考某個問題時，卻會想到「今天晚餐要吃什麼」等這類毫不相干的事，完全無法集中思緒。

這種「想思考問題，卻會立刻分心」的人，首先需要進行閱讀、書寫和聆聽的訓練。在這類訓練過程中，分心的情況就會漸漸獲得改善。必須要在如此基礎上，習得思考的能力。

立場越是高的人，對事物的思慮越是周密、精準，並且也需要從許多層面進行思考，所以思考能力自然會慢慢提升，這類人在工作時的附加價值也相對較高。

上司若詢問「這件事處理得怎麼樣了」，一般人會回答「明天之前會調查清楚」，並且第二天只會帶著一個方案並說「這件事情是這個樣子」。然而，若是上司接著問「那麼，這種情況下該怎樣做」，因為此人對此並沒有想好回答，只能說「明天我再回覆您」。之後，在第二天又接著回覆，但這時上司若是又問「那在那種情況下，又會有什麼問題呢」的話，由於此人依然沒有考慮到那般情境，所以只能再次回答「明天我再回覆您」。

如果是這樣的話，一樣工作就得花好幾天才能完成。

因此，即使在一次報告中只需闡述一個結論，也應至少準備三到五個想法。

儘管得出的結論是A，也應該是在充分思考過「B如何？C如何？D如何？E如何？」之後，所以認定「還是A比較好」，而去選擇報告「A」。

這樣的話，就算有人提出疑問，也可以當場應對「關於這個問題，我也考慮過B，但是如果選擇B，會遇到這樣的難題。要克服這個難題，還有方法C，只是假如選擇C的話，又會變成這個樣子」。於是上司在認同「你為何會得出A的結論」之後，這項工作就算是結束了。

但沒有這樣做的人，一天能完成的工作就要拖到三天，導致工作量增加，每天只能喊著「忙死了，忙死了」。

如上所述，即使結論只有一個，也還是需要多準備幾個方案。

公司的事務當中，尤其要求這方面能力的部門，多半是祕書性質部門和企劃性質部門，這類部門非常要求員工的這方面能力。

舉例來說，社長祕書負責的工作是「管理社長行程」，但時常會遇到像是客人突然來訪、接到臨時打來的電話等預料之外的情況。就樣這樣，因為不知道會發生什麼，所以就算已經訂定好了行程，一週前規劃好的行程，也很容易忽然變得不適用。

但是，若是祕書堅持地說「您如果去做沒有事先決定好的事情，會讓我感到很為難」的話，社長可就頭大了。明明最大宗的往來企業的社長來訪，但祕書卻要求「請依昨天決定好的行程行事」，進而導致雙方無法進行會談的話，那麼實際上將導致工作產能大幅降低。

即使行程已經定好，但如果發生了優先順序更高的事情，就應該立即重新安排行程，這種能力是秘書必須具備的能力。

為了避免遇到突發狀況時陷入混亂，在排定行程時，就必須準備幾個備選方案，像是「第二順位是這個，第三順位是這個，第四順位是這個」，祕書部門會被要求如此能力。

此外，營業企劃、產品企劃等企劃部門，也需要這種能力。企劃這種東西，無論提出多少都可能不被採用，所以為了避免「只拿出一個自己信心十足的作品，卻不被採用，之後就沒事可做」的情況，必須多準備幾個備用方案才行。

這就是「鴨子划水」的部分。從水面上來看，鴨子看起來游得怡然自得，但在水面下，鴨子的雙腳是在拚命地划水。各位需要的就是這個鴨子划水的部分，能夠在這個環節不惜辛勞付出努力的人，工作表現就會逐漸提升。

一直保持這種習慣的人，無論被問到什麼，都能瞬間回答、轉變思路。

而無法對應各種回覆的人，一般都是缺乏思考的人。因為不得不當場匆忙地設想，以致於不知該如何應答。

# 3 企劃力的重要性

## 現代是「企劃力的時代」

多增加一分的工作術的第三點，我想談一談「企劃力的重要性」。

平時常規的工作叫做「例行工作」，完成這種工作的能力，屬於平均水準的工作能力。舉例來說，在工廠中沿著流水線，依序將零件安裝上去的工作，就屬於這一類。

從事這類工作的人，可以被其他人替換。像這種其他人也能夠勝任的工作，所創造的價值、附加價值並不那麼高。高附加價值的工作，是難以被其他人取代的。

而附加價值高的工作之一，就是企劃類的工作。所謂的企劃，就是從一無所有當中創造出新事物的工作，是一種從「無」到「有」的過程。

比如說，看到非洲大草原後，有些人只會想到「野生動物在跑來跑去」。然而，同樣是看到草原，有些人卻能聯想到「如果在這裡挖口井，應該會有水出來吧，這樣就可以飼養家畜了。如果再接著興建工廠、生產產品，並從事國際貿易的話，就可以振興國家了」。

如上所述，企劃力可以產生非常巨大的附加價值。

只是，企劃也並不是完全從零開始。材料已經備好了，但不是原原本本地使用，而是改變發想，與異質的事物結合，進而創造出嶄新的事物。企劃力便是在這過程中湧出，產出獨特的新主意。「改變發想」是非常重要的一件事。

譬如，有些人可能會產生這樣的想法，「為了讓出外步行變得容易，讓全世界都鋪上柏油路吧」。但要在全世界鋪上柏油是一件浩大的工程，也需要耗費大量材料，並不容易完成。於是人們改變發想，「與其鋪設道路，不如製作鞋子吧。如此一來，無論道路再怎麼凹凸不平，都可以輕鬆行走了」。

也是有這種轉換發想的方式。他們並不拘泥於「一定要改善道路」，而是著眼於「如何保護雙腳」。

發明鞋子的人，可能就是產生了這種創意發想。應該有人曾經發想過「只要穿上鞋子，無論是石子路、沙灘，還是泥濘的道路，都可以輕鬆走過去了」。但是，在那些沒有這類創意發想的人的地方，現今仍有許多打著赤腳生活的人。

就像這樣，轉換一下發想，新事物就隨之誕生了。如此企劃力非常重要。

擁有企劃力的人，雖然也有著天資聰穎的一面，但大致來說，是因為他們接收了大量的資訊，所以擁有豐富的話題或想法。

我們已經談過閱讀和聆聽的重要性，但吸收的訊息量不多，卻能擁有豐富企劃力的人，可以說是少之又少。企劃力豐富的人會經常吸收大量資訊，因為如果不大量地接收訊息，就難以做到輸出。

喜歡收集資訊且總是在收集資訊的人，就能時常產出企劃。企劃這種東西，並不是從毫無任何資訊的地方憑空蹦出來的。正因為他們一直張開天線收集資訊，才能夠產出點子來。

現今進入了「企劃力的時代」。在現在這種資訊產業的時代、知識的時代，並不能僅是單純地創造事物，重要的是企劃。我們已經進入一個需要思考「這麼做會得到何種成果」，並依此提出想法，從而創造事物的時代。

## 輕鬆就能寫出論文的「KJ法」

先前說到為了推出企劃，資訊的收集非常重要。但僅是收集資訊並無法製造新商品，或建立新事業。

所以，我想提出幾個提升企劃力的方法。

首先，有個著名的方法叫做「ＫＪ法」。ＫＪ一名由發明此一方法的川喜田二郎先生名字的日文第一個字母而來。他經常進行田野調查，並透過實地考察收集各種各樣的資料後，總結出一篇論文。為此，他開發出了ＫＪ法。

如今這個ＫＪ法經常被用於撰寫論文上。

譬如，大學的畢業論文有著交稿期限，但是有很多人怎麼樣都寫不出來，感到十分痛苦。即便他們想著「能不能天降啟示，讓我寫出一、兩百頁」，但仍沒有浮現出任何構想。再比如說，作家想創作小說，卻怎麼樣也寫不出來。即便是遇到了這種困境，但只要使用ＫＪ法，任誰都可以輕鬆寫出論文。

那麼，我就來具體說明一下如何使用這種ＫＪ法。

各位在日常生活中，總會在做某件事情時，突然想到些什麼吧？那種想法是突然冒出來的，沒人知道何時會出現。明明在苦思時，怎麼樣都想不出個所以然，但有時候卻會在看影片時、喝咖啡時、走路時，在意想不到的時候接連不斷地湧現發想。此外，讀書的時候，也會遇到那個「這段話用得上」的段落。

為了應對這種時候，我們需要經常準備好筆記。正式的ＫＪ法使用的是特別的標籤，但就算沒有那些東西，也一樣可以運用ＫＪ法。

比如說，可以將稍大的便條紙放在四處，一旦想到什麼的時候，就在便條紙上，用大約一行寫下並貼好。下次再想到什麼的時候，一樣在便條紙上寫下一行並貼好。就像這樣，可以不斷地在便條紙上寫下自己的發想，再將其黏貼好。

當便條紙累積到一定的數量之後，將它們稍微排列，就能發現一定的軌跡和章法。

使用這種方法，就可以相對輕鬆地完成報告和論文了。

一般情況下，論文不可能突然寫得出來。要寫論文，首先要收集資料，閱讀幾本甚至幾十本書。並一邊閱讀，一邊摘抄在卡片上。在累積了大量的卡片之後，可以稍微排列它們，把相關聯的歸納在一起，就可以形成幾個不同類別的內容。之後，再為不同的內容依序編好第一章、第二章、第三章的順序，等確立好章節之後，相當於一本書的份量的論文就完成了。

就算無法如獲天啟般，從頭到尾文思泉湧，但只要使用這一方法，就能寫出論文。

「多增加一分的工作術」的這個法話，事實上也是利用ＫＪ法所產出的。是以「一　人生的價值、活於天命」、「二　鍛鍊自己、閱讀、書寫、聆聽、思考」、「三　企劃力的重要性」、「四　團隊能力最大化」等等，以我過去所寫下的便條為基礎所構成的。我製作這些項目所花費的時間大約是三分鐘，流程如下。

首先，我心中浮現出「多增加一分的工作術」這個題目。接下來在考量具體內容時，想到了「人生價值很重要」時，就在卡片上寫下了一行文字「人生價值」並貼好。接著，又想到了「必須要鍛鍊自己」，於是繼續寫下「鍛鍊自己」。在思索鍛鍊自己包括什麼項目時，就陸續想到了「閱讀」、「書寫」、「聆聽」、「思考」等項目。再接著思考是否還需要其他內容時，又想到了「企劃力」和「團隊能力」。將這些零星出現的內容排列好之後，一部法話的架構就大致成型了。所需時間僅三分鐘（不過，本章以外的章節並未使用ＫＪ法）。

我想一般人應該做不到這種程度，但如果能累積幾十張內容再詳細一些的卡片，並依據這些卡片書寫內容的話，或許就能寫出出色的論文了。

如上所述，只要使用ＫＪ法，上到鴻篇論文，下到上台講話，都可以組合而成。人的頭腦會零零散散地想到各種事情，假如把它們寫下來並依序排列，整理出章法，就可以完成論文等內容。這樣的方法很簡單，所以適用於任何人。

這就是提高企劃力的其中一個方法。

## 誕生嶄新想法的「腦力激盪法」

還有一種提升企劃力的方法，叫做「腦力激盪法」。所謂腦力激盪，英文直譯就是「頭腦當中的狂風暴雨」。

公司裡有董事成員、部長、課長、組長等各職務的上下關係，所以即使召開會議，也無法暢所欲言。當上司詢問「這樣做可以嗎」的時候，部下只能回答「可以」，無法自由地發表自己的想法。

此時藉由宣導「自由討論吧」，忘掉職銜，以一種相對不拘禮節的方式自由召開會議，這就叫做腦力激盪法。

此時的規則便是「無論他人提出什麼樣的意見，都絕對不能批評」。假如規定好「無論提出什麼意見都沒關係」的話，大家透過自由發言溝通，就可能產出全新的想法或意見。

沒人能預料到好的創意會由誰提出。有時候，也可能是由新進員工所提出。好主意與否跟地位高低沒有太大關係。如果過於強調上下關係，那麼進公司不到兩年的人是不太敢提出意見的。但若是能無視職務高低，大家勇於提出意見交流，就可能出現有趣的見解。

另外，不在呆板嚴肅的場所，改到咖啡店等地方進行討論的話，就能夠促進更加自由地提出意見。

就像這樣，在各種有趣的見解不斷出現的過程中，只要有其中一個是讓人感到「這應該行得通」的想法，新的企劃就可能隨之誕生，新的商品可能就會獲得開發。這是經常發生的事。

腦力激盪法不僅可用於會議，也適用於個人層面，我也經常使用這個方法。

例如，當創意、點子枯竭的時候，不須在意有無任何脈絡關係，儘可能地收集各領域的書報和雜誌，進行大量閱讀。就在大量閱讀這些毫無相關的作品的過程中，讀進去的內容就會相互融合，以完全不同的角度連貫在一起。

透過融合異質性的內容，就可能產出完全不同的發想，誕生新的事物。也就是說，在大量閱讀各種完全不相關的書籍的過程中，人的觀點會發生變化，就可能產出相當不錯的點子。

據說，物理學家湯川秀樹先生在孩提時期，曾非常努力地朗讀漢文的古典作品。一般人會認為，朗讀漢文和物理學並沒有直接關係，但正因為他具備古典漢文的素養，對物理研究起了相當大的作用。尤其是莊子的思想，似乎意外地對素粒子論的研究，起了相當大的影響。

老莊思想跟物理學是毫無關係的異質領域，但如果頭腦裡存放著這些內容，在進行物理學的研究時，可能會從意外之處靈光一現，忽然想到其他物理學者根本想不到的靈感。

當感到腦筋卡住之時，不妨試著結合完全異質性的事物，就可能會產生新的觀點、新的發想。閱讀或聆聽完全不同領域的事物，並相互融合之後，就能夠如氫元素和氧元素產生化學反應成為水一樣，產出全然不同的事物。

以上提到了企劃力的重要性，所以請各位務必重視企劃力。企劃性質的工作具有非常高的附加價值，比起單純事務性的工作，其價值高出非常多。我認為今後就是企劃力的時代。

## 4 使團隊能力最大化

### 企圖使自己獲取認同的企劃終將失敗

作為多增加一分的工作術，我想就第四點「團隊能力最大化」進行論述。

追求自我實現、期望發揮自己的人們，具有非常強烈的「希望獲得他人認同的心理」。這種心理本身非常尊貴，但就在抱著如此想法努力的過程中，情況卻越是可能朝著「只有自己存活」的方向轉變。明明自己拚了命地努力，卻成了「反方向的努力」，越是奮鬥，越是給周遭的人們困擾。

或許人們會大感疑惑「都已經如此鍛鍊自己了，都這麼努力了，為什麼大家還不認同我呢」，但會有這種情況是因為欠缺了「關注他人的視角」，也就是「是否只考慮到自己呢」。

提出企劃的時候也一樣，如果只顧著提高自己的評價，想獲得別人誇獎，想被說「能想出這種企劃真是聰明」的人，其企劃品質也不會很高。很多情況下，這類人就算提出了各式各樣的企劃，他人也只會感到厭煩而已。

現在，公司當中盛行使用電子郵件，比起透過公文決策，多數人都會選擇「直接給對方發郵件」。就連基層員工都可以直接發送電子郵件給總經理。只不過一旦表示「什麼意見都可以」的話，總經理的郵箱可能會收到五百多封的電子郵件，所以就必須要進行篩選。或者，員工還可能在上班時間用郵件聯繫「午飯要去哪裡吃」之類的瑣事，現在郵件漸漸趨於被濫用的情形。

## 站在有益團隊整體方向的立場思考

若只顧著把自己的消息發出去，有可能只會單純引起混亂。所以在表達意見前，重要的是要先考慮對方的立場。

舉例來說，如果能想一想「這個企劃對方是否用得到」，那麼就會自行對企劃內容進行一番過濾。在發給總經理的五百封電子郵件中，估計有四百九十封以上的信，都不過是在浪費總經理的時間。重要的並不在於「我想到了這個」，而是從「對方能否用得到」的視角進行思考後，再進行企劃。

「希望自己能夠獲得認同，希望能獲得褒獎」，像這樣從自我中心的出發點提出的企劃，多半不會被採用。但如果不是以自己能夠獲得認同為目標，而是站在「採納了這個想法，上司就會獲得成功，出人頭地」、「用了這份企劃，那個人就可以成功」的角度提出方案，被採用的機率就會大幅提升。能夠「先為他人著想」的企劃，多半會獲得成功。

如果在工作中，提高自己一分會導致其他人都降低一分的話，那整體分數實際上是在下降。提高自己的分數固然重要，但應該要經常思考，這種提升應該站在對自己所在的部門乃至整個公司，對其他人都同樣有利的方向。

不願意如此思考，一心只為提高自己的分數而努力的話，便會遭到周圍人們的嫌棄。

最終若是導致整體陷入負面的狀態，那麼那個企劃也等同於失敗。此外，如果鍛鍊自己會給周遭人們造成困擾，那麼那終究是個失敗的鍛鍊。

磨練自己固然重要，但不應僅侷限於這一點，而是要考量整體實力的提升，促使整個團隊獲得成功。不要只想著自己如何成為人上人，重要的是要時常記得，自身的鍛鍊如何牽動周圍的人們一起成功。

若能經常考量這一點，那麼你的工作能力，將毫無疑問地多增加一分。

第3章

# 讓人幸福的四個原理

——現代四正道「愛」、「知」、「反省」、「發展」

# 1 逃離煩惱的四個方法

本章以「讓人幸福的四個原理」為題，說明幸福科學當中論述的「幸福的原理」。

然而，幸福的原理衍生出非常多的教義和理論，在此我不會全部講述，我打算論述初學者也能明白，並且讓學習佛法真理之人亦能當作傳道切入點，相對簡潔易懂的內容。

在此我所講述的四個原理，並非單純是腦中的空想，而是基於我親身的實際體驗。並且，雖然說著「讓人幸福的四個原理」，但事實上這也是「邁向覺悟的四條道路」。「邁向覺悟的四條道路」，若是反過來說，也相當於「逃離苦惱、煩惱的四個方法」。

接下來，我將以代表性的事例來進行說明。

# 2 擺脫「奪愛」的痛苦（愛的原理）

## 「不受他人好評」之苦

首先，我想講述「擺脫『奪愛』的痛苦」。

觀察世人的痛苦，大多是想得到卻得不到的痛苦。「想得到的東西卻得不到」的痛苦，說到底就是「自己不被他人所愛，不受他人好評」的痛苦。無論那些好評是精神性還是物質性，都是「自己不獲好評」的痛苦。

精神上的好評，可能是他人溫柔的話語、關心、關懷，或者是名譽、頭銜等。物質上的好評，可以是食物、衣服，或者是金錢、汽車、房屋等等。這些東西，與其說是靠自身的能力獲得，不如說大多都是周遭人們所給予的。若是太過於看重那些東西，就可能變成痛苦的根源。

所以，觀察現代人的痛苦就能發現，其中有很多都是起因於無法被他人給予而產生的痛苦。

「明明很努力工作，薪水卻這麼少」、「明明很努力工作，卻無法升官」、「汗流浹背地工作，老婆跟孩子卻對自己沒什麼好話」、「這麼努力地拚命學習，卻不受女性歡迎」、「這麼拚命地工作，自己的才能卻無法完全發揮」等等，諸如此類的痛苦所在多有。

試著探究痛苦的根源，我想無非就是對「自己這麼努力，周遭人們卻沒有讚美，也沒受到應有的對待」而引發的欲求不滿。

對於物質方面，有時能在某種程度上放棄，但在精神方面，特別是人際關係上，要擺脫痛苦就相當困難。那是因為他人的想法，很難如己意改變。

希望某人給自己的好評，或者希望某人能愛自己，這大多不會實現。反倒是，不希望被某人褒獎，或者不喜歡這樣的人，有些時候反而這些人會褒獎、喜歡上自己，這就是世間常有的事。

因此，世間之事難以如己所願的變化。

## 對於父母的欲求不滿，變成大人之後仍會留在心中

特別是，在與他人之間的愛當中，既有男女之愛，或者是除此以外的人際關係當中的愛。人際之間的痛苦，大多起因於佛教從根本上所否定的強烈地渴愛、妄執。

那是一種「希望他人能這樣做、能那樣做」的心情，對於異性來說也是如此。此外，如果是孩童的話，就會出現「希望父母能這樣對我」、「如果自己的父母能更有力量就好了」的心情。

或者是，即便已經不是小孩，早就變成大人了，但依舊有人會認為「自己現在之所以痛苦的原因，是因為孩童時期，自己的父母不夠有力」。

常常人們會認為「父母沒有經濟力」、「父母沒什麼社會地位」、「父母是鄉下人」、「父母上了年紀」、「父母生病了」。要不就是「父母離婚了」、「父母分居了」、「父母有一方死了，只剩單親」、「父母有一方外遇了，家中總是風波不斷」等等。

在孩童時期對父母親的欲求不滿，自己變成大人之後，心中仍會殘留著那種不滿足。

而如此不滿足，通常是難以加以填補的。

譬如，某人對自己在二十歲成人之前被養育的方法，有許多抱怨。但是，此人的父母親，在孩子長到二十歲的時代，已經是所謂「有」的狀態，也就是已經是定型的狀態，父母的人生已經成形了。在孩子成長的過程中，父母的人生已經確定了。父母也會心想，如果人生能重來的話，自己也想要重來一次。然而，那時父母的人生已經是凝固狀態了。

父母或許對於孩子會說「你就當作自己運氣不好，生到這一家當孩子」，事到如今，關於養大孩子的方式已經沒有辦法加以改變了。

因此，孩子想要被彌補那般不滿，也幾乎是不可能的。

這種在幼小時期、孩童時期的欲求不滿，此人出了社會之後，常常會以不同的形式表現出來。原本欲求的對象是自己的父母，現在對象轉變為上司、上位者。原本希望父母能給予自己好評，現在變成希望公司的老闆、部長、幹部能給予好評。

然而，即便轉變了對象，但大部分的情況，還是會和對於父母欲求不滿一樣，同樣地還是會欲求不滿。自己的欲望仍舊是沒有辦法獲得滿足。

那也是很正常的。在公司當中有很多員工，課長、部長、老闆等等，必須要養著幾名、幾十名、幾百名，甚至更多的下屬。就像養育著很多小孩的家庭，父母會認為「必須公平對待每個孩子」，在公司裡面，上司也會認為「對於下屬，不可以太過於偏心」。上司對於下屬如果太過於偏心的話，整體的士氣就會變得低落，所以上司會盡量努力不要變成那樣。

因此，即便有人強烈地希望唯獨自己能被上司肯定，但十之八九都會以失敗告終，幾乎不會成功。

通常上司不會特別捧某個特定人士，唯獨讓此人獨佔鰲頭。此外，即便偶而出現那般情形，但此人就會容易遭受眾人的嫉妒、排擠，進而感到挫折。

若是只有一人獨佔鰲頭，大多此人就會被旁人惡口中傷，變得沒有辦法忍受。此人會感覺到「如果早知會被他人如此背地惡口中傷，還不如一開始就不要被上司好評」。

於是，那種想要被父母認同的欲求，轉變為希望能獲得上司的認同，結果自己最後又必須得放棄那種心情。最終，又變成欲求不滿的狀況。

就像這樣，人們常常沒有辦法在社會當中受到好評，而那種「想要在社會當中獲得認同」的情緒，其實跟此人的父親有著關係。「年幼時期無法獲得父親的認同」，有著如此欲求不滿的人，出了社會之後，就會希望公司的上司或上位者能夠給予認同。無法獲得父親認同的部分，就會轉而希望能獲得社會的認同。

但是，就跟無法被父親認同一樣，大部分的情形，也是無法如此人所願。屆時，此人就會像年幼時期、孩童時期，轉向母親希望能獲得母親的認同。

譬如，「在孩童時期，雖然無法獲得父親的認同，但獲得了母親無限的關愛，自己很是滿足」，如果是這樣的話，此人還能得到拯救。在孩童時期充分感受到母愛之人，出了社會之後，即便沒有出人頭地，但此人仍不會感到空虛。

這樣的人，在社會當中沒有辦法獲得成功的時候，通常會在家庭當中尋找幸福。在家庭當中尋覓往後的幸福，如此例子非常的多。

然而，也有那種在孩童時期，沒有辦法充分獲得母愛的情形。

當孩子不只是一人，變成兩人、三人之後，父母親的愛就會變成二分之一、三分之一。並且，如果兄弟姐妹當中，有人特別獲得父母親關愛的話，其他的孩子就會覺得自己受到了差別待遇。

在這層意義上，有很多人會覺得自己在孩童時期，沒能獲得父親的關心，連母親對自己也是有點冷淡。此人會感覺到「明明希望母親能多關心自己，但卻無法如願，既不陪自己玩，也不褒獎自己、抱抱自己」。

這樣子的人，日後在家庭當中，亦容易出現欲求不滿的心情。

在孩童時期沒有充分得到母愛的人，比較容易選擇有著深厚愛情的女性作為伴侶。因此，即便此人在社會當中遇到挫折，伴侶還能為自己撫平傷痕、安慰自己。但是，過去在家庭當中沒有充分獲得母愛的人，即便此人在內心深處想要和那般溫柔的女性結婚，卻往往事與願違。

並且，此人反倒是會喜歡上那般會傷害自己的帶刺的女性，反而是被那完全相反的女性給吸引。

進而，日後無法結婚自己當然會受傷，就算是結了婚自己也會受傷。成家之後，此人又受到相同的挫折，經歷年幼時期一樣的體驗。

## 如無底的沼澤一樣，無限奪愛之人

就像這樣，在孩童時期所承受的心傷，此人長大之後，多會以其他形式展現出來。於是，最終就會打造不幸的人生。

究其源頭，就是此人認為自己的前半生是不幸的，是沒有獲得滿足的，所以必須要有人能滿足自己的需求，彌補自己的不滿。

抱持如此想法而活的人，其實就像無底的沼澤一樣，不管旁人對於此人給予了多少關懷，最終全都消失不見。

即便公司給予此人好評，但此人總是不會感到滿足。「不夠不夠！得要再多一點才行！得要再多褒獎才行！得要再多讓自己出名才行！得要再多加薪才行！得要在眾人面前表揚才行」，此人難以感到滿足，不斷地如此要求。

因此，他人對此人的好評，必定會在某時停止。於是，此人又會變得心情不佳，無法滿足。

在家庭當中也是一樣。一個總是不感到滿足的人，無論太太或者是先生如何拚命對待，但此人就是沒有滿足的一天。無論伴侶如何地努力，就是視若無睹，盡是嚷著「那也不夠、這也不夠」。

就算伴侶拚命地奉獻到百分之九十九，但此人就只看那不足的百分之一，嚷著「你啊！這也不行、那也不夠」、「你也太不行了吧」。

譬如，即便先生在公司拚命工作，比同期同事還要早升官，但對於這樣的先生，就是會有太太抓著「每天太晚回家」這一點不放，老是對先生發火。但這樣的人，就算如果先生早回家也不會滿足，這一次她就會對先生太晚升官感到不滿。這個責備先生太晚回家的太太，如果先生變得早點回家，她就會開始責備先生太晚升官，要不就是責備加班費太少。

這就是人的性格，至今一直責備的地方，一旦有所改善，就又會開始找其他地方責備。

這樣子的人，實在難有感到滿足的時候。

不管是男性還是女性，試著回顧自己過去，不可能是百分之百完美的。因此，各位必須認識到「你自己是一個能要求對方做到百分之百的完美之人嗎？」。各位必須思考「百分之百的完美男性，是怎麼樣的男性呢？百分之百的完美女性，是怎麼樣的女性呢？實際上，這個世界存在著這種人嗎？」。

即便自己的妻子是知名藝人，自己還是不會滿足。即便娶了電視明星當老婆，但那大多會變成痛苦的根源。那樣的妻子，盡是關心著能否被全世界的男性關注，只是留意自己在電視當中的表現，對於先生鮮少關心，也懶得關心，常常不會待在家中。所以，娶了那樣的女性為妻，是難以變幸福的（有一部分為例外）。

或者，如果嫁了一個全世界女性都為之心儀的男性，那也是很難就因此幸福。那是因為自己每天會擔心先生的素行。

就像這樣，自己明明不是百分之百完美，卻盡是對他人的不完美感到不滿的人，或者老是說著「自己是完美主義者，只要出現不完美的人，自己就無法幸福」的人，這些人等同於永遠放棄了變幸福的權利。

這種有著無限奪取傾向的人，無論周遭之人傾注多少的愛，都不會有所察覺，盡是關心著不足的部分。因此，對於此人不斷關心關懷的人，最後常常會變得疲勞。

## 對他人的付出心懷感謝

重要的是，自己也該早點丟掉那種「從他人身上獲得某物，自己才能夠變幸福」的想法。

試圖從他人身上獲得，這是沒完沒了的。無論是物質或金錢，或者是社會的評價、名聲，又或者是健康等等，這是沒有盡頭的，世上沒有那種「最棒、最完美」的東西。

痛苦的根源，絕大部分都是自己創造出來的。

因此，請試著停止那種傾向如何？對方或許少了那百分之一，又或者少了那百分之十。但與其責備那不足的百分之十，何不把目光放在那已經做到的百分之九十？

若是男性要求太太要做到百分之百，家庭通常會變得不和諧。有些太太為了能夠讓先生滿足進而拚命努力，但這樣的人大多會出現身心疾病。

又或者，如果公婆要求媳婦做到百分之百的話，即便媳婦拚命努力，但終究心中一定會感到憂鬱。

為此，與其要求他人做到完美，終究應該將目光放在已做的不錯之處。

當你如此改變時，很不可思議地，世間就會開始變化。當你停止「想從他人身上獲得、謀取、得到，若沒有斬獲就無法幸福」的想法，並且發現現今自己被賦予的事物，或者是發現對方的長處而非缺點，於是如此改變對他人的評價、想法本身，其實就已經是在對他人施捨了。

譬如，對於那已做到百分之九十的伴侶，總是惱怒於不足的百分之十的太太或先生，這些人老是嘀咕著「你人是很好，但我就是看不慣你這個缺點」。

又或者，有人會說著「你是一個努力的男人，但我就是討厭你的髮蠟」、「我就是討厭你的鬍子」、「我不喜歡你某一隻眼睛眼尾往上吊」、「我討厭你擤鼻子的聲音」、「你晚上會磨牙」等等。

但是，老是把「對這兒、對那兒不喜歡」放在嘴邊的人，就是想要變得不幸的人。也就是說，說著那樣的話的人，其實是自己很想變得不幸，進而一直在找著能變得不幸的理由。

各位不應如此，終究必須要認同他人的優點，並且對於自己已被賦予的事物抱持感謝，並改變自己的想法才行。

並且，不要再想從他人身上得取了。好好檢視至今自己獲得了多少，並且今後換自己對他人付出、回報了。

譬如，或許先生總是很晚才回家，但晚回家終究有其原因。太太對此要對先生說一些慰勞的話，光僅是如此，夫妻關係就會變得不一樣。

總是晚歸的先生，心中會想著「反正說什麼，太太也不會聽，乾脆閉嘴就算了」，除了說「熱飯」、「放洗澡水」、「我要睡了」之外，其他什麼都不說。然而，如果太太開始對先生說一些慰勞的話語，先生的心房就會忽然打開。

## 改善人際關係不需要花一毛錢

各位要覺悟到，老是看到不足之處，進而不斷要求的人，是不可能變幸福的。

你已經被賦予眾多事物了，若是你從感謝出發，就會變得想要回報他人，進而度過報恩的人生。其實，在那報恩的人生當中，是沒有不幸的道路的。當自己走上報恩的人生時，是沒有不幸的。

這並非是指能夠做到百分之百完美的報恩，但如果能做到百分之一的回報，就有百分之一的幸福，如果能做到百分之十的回報，就能有百分之十的幸福，如果能做到百分之五十的回報，就能有百分之五十的幸福，如果能做到百分之九十的回報，就能有百分之九十的幸福。

為此，若是能將心思轉變為關愛他人、給予他人，藉由如此「想法的轉換」，其結果人生當中的不幸就會消失。這更應該說，那是一種幸福的創造。

因此，世上沒有人會比「將他人的幸福視為自己的幸福的人」，還要來得幸福。將他人的幸福視為自己不幸的人，是難以變得幸福的。「若是他人能夠變得開心，自己也就幸福了」，能夠如此思維的人，其實是抱持著幸福的心理傾向的。

「奪愛」的痛苦，大多是來自於以人際關係為中心的欲求不滿，是來自於「自己沒有被善待」的不滿。但是，那種對他人的欲求，無論如何追求，就是一條前往「螞蟻地獄」的道路，對此不可不知。

要捨棄那般想法，對於自己被他人認同之處抱持感謝，與其希望他人給予，更應該思索至今未曾對他人做過哪些貢獻。

譬如，假設自己長久以來對於那不給自己好評的上司，抱著憎恨之心。此時試著想想「為了上司能夠升官，自己曾在工作上給予過那麼多的協助嗎？」，答案應該是否定的。但即便是如此，自己總是在意沒有得到上司的好評。

「自己曾為了上司能夠升官，幫忙了什麼事嗎？真的拚命地做出貢獻了嗎？」，自己雖然認為有幫上忙，但從對方的立場來看，大多並非如此。上司通常會認為「這個人總是到了要發獎金的前一個月，才會拚命工作，但過了發獎金日，就又會變得怠惰」，事實就是如此。

雖然覺得自己已經很拚命了，但對方會認為「這個人非常自私，只有在獲得好處的時候才會付出，其他時候什麼都不做」。然而，此人對此毫無察覺，盡是認為「自己付出了那麼多，卻什麼都沒有得到」。

因此，站在對方的立場上，不應考慮對方給了自己什麼，而應深深地反省自己沒有為對方貢獻並展開行動，這就是邁向幸福之道，此外，老夫老妻之間，就是有人會對於自己拚命努力的伴侶，不曾講過一句讚美的話語。為何要對讚美對方感到躊躇呢？那根本不用花上你一毛錢。

譬如，當太太今天努力地化了一個比平常更美麗的妝容，先生就應該要加以讚美。

又或者，先生比平常早十分鐘回家，太太也應該予以稱讚。僅是提早十分鐘，光是說出「你今天提早回來了啊！工作很辛苦吧」這一句話，先生就會覺得「自己提早把工作做完提前回家，太太就會高興啊」，他自己也感到高興。

即便是這一類小事也可以。

此外，老是主張自己怎樣又怎樣的人，在這世間當中難以獲得多大的成功。即便一時成功，但必定會在某處跌落下來。穿著「高跟木屐」跌跤是很正常的。雖然有時會因氣勢很強而獲得勝利，但必定會在某處跌落。

因此，終究還是要把頭低下來，低頭不用花任何一毛錢。身段放低，把頭放低，進而精進努力是很重要的。一直高傲地往前衝，終究會跌落下來。

改善人際關係，基本上不需要花一毛錢，完全不需要。只要改變心的態度，把嘴巴打開就好。因為會耗費一些熱量，或許會減少一公克左右的卡路里，但那沒什麼大不了。

他人對自己說的壞話，人雖然會記在心裡幾十年，但讚美的話語也是會記得的。稍微被生氣了，會記上個十年左右，但稍微被讚美了，也是會記上個十年左右。但是，講出那番話語，只是一瞬間的事，如此一瞬間的效果可是很大。

讓人際關係變好，引導至幸福的方向，既不需要花任何一毛錢，也不需要流汗努力。需要的是改變己心的態度，並且具體地向對方展現些微的好意，這很重要。

觀察世間人們的痛苦，幾乎都是起因於這「奪愛」的痛苦。如果你因為「想要、想要」而痛苦，就請試著放棄那念頭，並且思考要如何才能為他人付出。屆時，你的煩惱就已經消失，這也是覺悟的一轉語。

至此，我講述了「愛的原理」當中，最基本的內容。

## 3 與其浪費時間嘆息頭腦不好，不如把時間用來學習（知的原理）

### 多數人都煩惱於「頭腦不好」

接下來，我要講述「與其浪費時間嘆息頭腦不好，不如把時間用來學習」之內容，這是和「知的原理」有關。若是深入探究這個知的原理，簡短篇幅難以言盡，所以我以簡單明瞭的方式論述。

在本章的第2節中，我為那些認為「自己無法獲得他人的關愛，感到很不幸」的人，提示了一條幸福之道，也就是「愛的原理」，明確地講述了向他人施愛才能變得幸福。但是，世間當中有很多人為自己的頭腦不好而感到嘆息。

很多人自以為只有自己的頭腦不好，但是觀察世間人們，幾乎有百分之九十九點九九九九九九的人都煩惱於自己不夠聰明。因為無法窺見他人的內心，所以不了解他人的想法，故認為只有自己才有這樣的困擾，但很不可思議地，大部分的人都煩惱於自己頭腦不好。

有人會只用學歷來判斷他人的頭腦好壞，但是一流大學畢業的人，並非都自認為自己很聰明，有時學業成績越好的人，越容易產生自卑感。

不讀書，只顧著玩樂的人，或許很少產生自卑感，反之優秀的人，或者是盡最大努力學習的人，如果感覺到自己不如他人的時候，就很容易因為自卑感而感到痛苦。

有些讀二流大學的人，在看到從一流大學畢業的人之後，或許會以為對方一定沒有自卑感，而自己不能進入一流大學，故有實力之差的自卑。但是，即便是進入了一流大學的人，求學期間會因為在激烈競爭中敗北，而感到強烈的自卑感。

他們真的是有著非常強烈的自卑感，在一分或兩分的分數差距下敗北，他們會覺得對方是天才，而自己是庸才，進而感到非常的痛苦。聽起來雖然很可笑，對此無感的人，完全不痛不癢，但越是在那種勝負當中感到價值的人，其反應就會非常的敏感。

因此，越是上一流大學的人，其實更是會強烈地感到自卑。

在這層意義上，用外在的學歷來進行衡量是很有問題的。

## 未必頭腦好就能成功

那麼，若問高學歷的人們當中，若是有人成績好，此人是否就能幸福，答案也未必。因為這樣子的人會煩惱於「明明自己的成績很好，卻沒有出人頭地」、「明明自己成績很好，卻沒有被肯定」、「明明自己成績很好，但為何自己賺不到錢」等等，這類煩惱著實影響了他們。

這些都是很普遍的煩惱，世間當中有一個「越是會讀書，就越是賺不到錢」的法則。越是會讀書的人，大多都不太會賺錢。

反之，那些不愛讀書，愛到處玩樂，累積了豐富人生經驗的人，畢了業之後，比較會賺錢。

很不可思議地，在學習上總是打混，熱中於社團活動或打工的人，或者是去國外到處旅行的人，這些人出了社會之後，大多會出人頭地，橫行世間，獲得很好的收入。

然而，越是拚命讀書的人，畢業之後多成為學者或公務員等，收入不是那麼的優渥。

譬如，公務員是從國民繳的稅金中領薪水，所以收入不會太高。公務員的薪水若比民間企業高的話，國民就會感到賦稅負擔很重，所以政府訂定公務員薪水的前提，就是一定要比民間企業的平均收入低。因此，公務員會有自己的薪水比民間企業低的煩惱。

從日本最高學府東京大學畢業，考上高等公務員資格的菁英，在過去的幾十年間，與民營企業上班族的薪水相比，大概只達一半左右的水準。即便在學生時期很優秀，但薪水只有其他人的一半（當然，現今〔編註：二〇〇四年當時〕通貨緊縮經濟不景氣，民間企業的工作也不太穩定）。

大學教師的情況，就更是嚴酷。他們經常說著，「高級官員的薪水有民間企業的一半還算好，像我們這些讀書讀過頭的學者的薪水，只有在民間企業工作的同學的三分之一而已。過去在他們忙著玩樂的時候我拚命地讀書，拿了博士學位，但現在的薪水卻只有他們的三分之一，這是怎麼回事啊」。

雖然學者和公務員有這樣的不滿，實際上他們的薪水也真的比民間企業的水準還要低，但那是因為他們實際上沒有做多少工作。他們靠讀書通過考試，就幾乎能獲得一輩子的保障，但在民間企業，必須每天認真工作，接受考核。這是每天或每個月的考核，與學者或公務員只要通過一次考試，往後幾十年的生活就有了保障，是完全兩回事。每天都要接受考核，這是很嚴酷的。

在這層意義上，每天接受考核，進而能獲得較高的收入，這當然是很辛苦。另一方面，只通過一次的考試，或是論文通過就能取得資格，往後十年的生活就獲得保障，相較之下要輕鬆許多。

日本的大學教師，即使十年當中沒寫出一篇論文，仍然可以當教師。我的大學老師當中，就有人在十七年間只出版過一本書。

甚至有老師認為如果把自己的講課內容整理成冊的話，那課堂上就會變得無話可講，所以直到要退休的時候，才首次將其整理成文字。在那之前，此人必須把自己的授課筆記藏起來，否則每年就沒有辦法登壇授課了。如果將其發行成冊的話，就意味著自己必須講述新的內容才行，因此三十年來都沒出書，一直傳授相同的內容，直到退休之際，才將其發行成書。

明確地說，這種人是懶惰之人，沒有理由為懶惰的人提高薪水。

反觀薪水較高的民間企業，他們不斷地切磋琢磨，日日從事研究開發。

因此，「頭腦不好的人就會失敗，頭腦好的人就會成功」之說，未必對任何人都適用。

在現代當中，已經形成了一座學歷的金字塔，從人數來看，輸家遠遠多於贏家。如果只用學歷和考試的勝敗來評判的話，那麼，社會上七、八成的人們就是輸家了。

如果只用學歷來論定幸福與否，那麼世間就會盡是不幸之人了，但是現實當中這並非是正確的判斷基準。

學歷或考試的勝利，是人生路上的一個扶手。將這自己獲得的契機當作扶手，並且再進一步繼續努力的話，前方就是一條成功之路。但是，如果因此就志得意滿，人生就在那個階段停滯，不會有所大成。終究辛勤工作的人，之後才會成功。

因此，不可將學歷或學力視為能否獲得幸福的唯一標準。實際上，有人即便在學歷上獲得了成功，但之後的人生卻過得很苦。對此能有所認識之人，即使在學歷上挫敗，或許內心能獲得一些安寧吧。

在學生時代用功過頭的人，見到其他在學校沒有怎麼讀書的人，出社會之後反而出人頭地，賺了大錢，難免感到不可思議，心中不平。但是，那些人是在考試範圍外的地方工作，用考試範圍外的能力獲得了肯定，這也是沒有辦法的事。

在這層意義上，上天是很公平的，賜予了某人某種才能之後，就不會再賜予其他才能。因此，當你覺得自己缺乏某種才能時，這意味著你應該被賦予了其他領域的才能。

因此，或許你的才能還埋沒於某處，但請各位理解到，每一個人都各自擁有不同的才能。

## 不可用宿命論來看待頭腦好壞

人的頭腦好壞，往往容易被認為是天生的。當然，在嬰兒當中，多少有天生頭腦好壞之差。有些孩子敏銳，有的孩子活潑，有的孩子遲鈍。長大進了小學、國中，各自之間還是存在著差異。因此，若說每個人的頭腦生來完全無異，就言之過及了，終究必須承認還是有差異的。

然而，在人生結束之際，會出現每個人在這次人生當中的得分，此時決定得分高低的，是此人出生之後的表現，與此人出生之前的階段沒有關係。每個人出生時的起跑線並不相同，所以在打分數時，是以此人從起跑線起跑之後，付出了多少努力來衡量。

每個人的起跑線不同，是沒有辦法的事，大家未必都是一樣，但從那起跑線出發之後，付出了多少努力，就會成為這一次人生的分數。因此，各位必須從這個角度來加以看待。

每個人在出生之後，終究有眾多可以努力的一面，而評價如此努力的一面，即是緣起的理法。

特別是，在論及緣起的理法時，很典型地會與學習連結在一起。一般來說，所謂的學習，就是只要努力就能獲得相應的結果。

有些人怨嘆自己的天生資質不如人，此外，在二十歲前自己的學力已定，有人就會怨嘆自己的前半生或三分之一的人生。坦白說，世間是一個競爭非常激烈的世界，若單純地以贏家、輸家來看待人生的話，世上輸家的人數佔大多數。

但是各位必須認識到，如果給自己貼上「輸家」的標籤，放棄努力的話，那麼一輩子就會感到痛苦、不幸。

若只看天賦，人生的起跑點或許各有不同，但重要的是之後跑了多少距離以及成長率，這才是評定人生分數之關鍵所在。出生之前的部分與前世有關，但是那與今世的人生無關。對於今世的人生得分，取決於出生後付出了多少努力。

希望各位能以如此觀點看待人生。

並且，希望能認識到，就如「努力勝過天才」一詞，沒有人能贏過努力之人。

頭腦再聰明的人，一年不學習也會變成普通的人，這道理很簡單。人要做好一件事必須付出代價，但是要想退步也是非常容易。

這個道理既非與天生頭腦的好壞有關，也不是什麼宿命論。

即使有的孩子能夠進入好學校，但最後也是跟不上學習進度，最後四處遊蕩學壞，讓父母傷透腦筋。這樣的問題無關命運，也與此人的頭腦聰明與否無關，終究還是此人的價值觀、感受方式與思考模式所決定。

因此，不要用宿命論的眼光看待頭腦好壞。

此外，除了在學校學習方面有頭腦的好壞之差外，在現實人生中也有頭腦好壞之分。若問何謂現實人生當中的頭腦好壞，那就是此人是否知悉「成功法則」。

學校不會教導成功法則，小學、國中、高中、大學，都沒有這樣的課程。學校當中學到的學識，能作為認知成功法則的基礎，但成功法則本身，必須要靠自己於實際體驗中獲得。

學到了成功法則的人，在世間當中，就會被歸類為「頭腦聰明」之人。

若沒有徹底習得這個法則，很遺憾地，此人就只是愛那一副「外殼」而已。此人盡是愛著那名為「考試」的外殼，但沒有學透在這個世間獲得成功的方法。

## 挑戰自己可獲全勝

世間當中有很多人嘆息自己的頭腦不好，但從結論來說，終究這樣的人在與他人比較之中，無法成為最後的贏家。用相對論，把自己和他人進行比較，最終是無法成為贏家的。

人必須面對自己內在的問題，應該把重點放在出生之後，自己雖然是如此程度的頭腦，但做出了努力之後，有了何種結果，應該正視自己的成長率。

在挑戰自己、與自己一決勝負的戰鬥中，每個人都有取勝的可能性。人可以對自己說，「現在的我與天生的頭腦，或者小學、國中、高中時的頭腦相比，已經進步了許多」，如此挑戰自己，可獲全勝。

與他人戰鬥，很難贏得最後的勝利。此外，即使此人獲得最終的勝利，但若是觀察此人往後人生，往往是個敗者。

在日本，常常看到不少書讀得很好的人，人生未必過得很好。

譬如，有的人在學校功課很好，畢業後做了政府官員，可是最後卻跳樓自殺。日本的財經部會，每年會新進二十名左右的菁英官僚，但之後平均有一成左右的人自殺，並且離婚率也異常的高。這樣子能否稱之為成功，實在難以論定（其中偶爾也會有理想的家庭）。

之所以他們會自殺，是因為他們過度相信自己的能力，以為自己可以比別人做得更好，但事實卻不然，因此非常痛苦，終至無法忍受而自殺。或者是，看到別人步步高升到了局長的地位，自己卻一直停留在課長的職位，所以心理不能平衡，抑鬱而終。也有很多人在人際關係上遭受挫折。

說起來那是十分愚蠢的事，那些人在自己狹小的世界裡競爭優劣，結果認為自己敗北，而選擇死亡。

可以說，這種人的世界觀太狹隘了。這是因為他們活在狹小的世界，所以才變成那樣。他們為非常小的世界觀，來評定人生的勝敗，致使自己走上絕路。

有時學校考試成績好，也會變成那種樣子。

因此，請各位認識到，與他人的競爭沒有最終的勝利，終究是與自己的對戰。

在某種程度上，天生的聰明或笨拙，確實存在一定的差異，這無法否認。若說完全沒有差異，那就是在說謊了，一定有某種程度的差異。

但是，各位應該找出自己後天努力的結果，在看到這部分的「利息」有所增加時，就應該感到高興。發現到自己變聰明，並為之高興時，人生就沒有失敗。

## 若是知道了就不會失敗

頭腦的好壞，除了有學力的一面之外，還有另外不同的一面，那就是前文所述，即是「是否知悉世間的成功法則，決定了人生的成敗」。

這是難以被他人教導的一面，因為這屬於每個人的應用問題，所以無法一一向他人求教這個該怎麼做、那個該怎麼做。就算去問占卜師，也無法得知該怎麼做。

但是，如果簡單地來說，可以說「人在已知的事物上不會失敗」。對此希望各位可以牢記，人難以在自己已知的事物上失敗。

然而，未知的事物實在太多了。「他人雖然已經經歷過，但自己一無所知」、「人生的前輩雖然經歷過了，但對自己來說是首次經驗」，這類未知的事物會接連不斷地出現。

對於未知之事，勝算只有五成，勝負是個未知數。

但是，對於已知之事，勝算不會是五成了。對於已知之事，勝算不到十成也有九成。若知前因後果，多能取勝。

這好比是下棋一樣，若是知道了對手擅長的步數，就能獲得勝利。如果對手不知道自己已被看穿，你就能百戰百勝。然而，若是對手也下過工夫，要贏棋就會變得困難了。人生好比下棋，對於已知之事，人是難以失敗的。

對於人生的經驗、人生的勝敗，幾乎所有人都是生手，鮮少有人能對人生研究透徹。一個研究透徹的人，應該就不會失敗，但一般來說，百分之九十幾的人都是生手，所以會因為未知之事而經歷挫折。

因此，首先去學習認識，是至關重要之事。

關於學習認識，可以從閱讀著手。當然，也有透過觀看電視等方法。或者，也有透過觀看電影、閱讀小說、聽他人的談話等等方式學習。

為了讓自己對於感到迷惑之事能夠有判斷的依據，就必須要有參考的材料，若是知道了就不會失敗。

那些在學校功課很好，但是卻在人生當中失敗的人，幾乎都是對於人生之惡缺少知識。

那些在教育部編纂的教材中是完全沒有記載的。在那些正統的學問當中，完全沒有教導「若是在世間當中，做了某事就會失敗」、「世間當中有人正盤算著這類事，你有可能因為這樣的人而遭逢失敗」、「你有可能會因為某事上當」等等情事，關於人生之惡、人生之苦、挫折、迷惑等等的知識，在學校完全學不到。

如果幸運，沒有遭遇到人生的險惡，一帆風順的話那還好，但若是情況相反，就必須與人生的險惡對決。

「知」有著巨大的力量。認識到「在如此狀況，誰會做什麼事」、「在如此場合，人應做什麼事」，這是很重要的。

若以金錢為比喻，如果是銀行員的話，就必須知道「貸款給什麼樣的人，會發生什麼結果」的法則。

「這間公司有要破產的徵兆，理由是這個和這個」、「觀察老闆的私生活，許多方面紊亂，即便融資給這種人，最後公司大多會倒閉」等等，銀行員必須知道諸如此類的法則。若是事前知道了，就不會錯誤融資了。但如果在一無所知的情況下放款，就會發生壞帳，進而無法回收，最後影響了自己的前途。

各位必須要認識到人生百態。

或許很難從書籍文字中，學習到如此人生經驗，但是終究必須聆聽他人的人生體驗或經驗才行，對於人生之惡，還是得多學習才行。

行善之人，對於惡必須有所認識。抱持能與惡對戰力量的人，其善的威力是很強大的。

若是「無知」，邪惡之人就會橫行於世，但若是知道了並加以識破，便可遏制惡的發生。

世間存在著刻意詐騙、陷害他人之人，即便有時此人並非是那般意圖，但是當被置身於某種狀況之下，就會變得做起那種勾當。對此必須要多加研究，於是就能避開失敗，走向幸福。

世間雖存在著做惡事之人，但遏止此人不犯惡事亦是一種善。常常聽到善人被欺騙的案例，但如果讓惡事橫行於世，善人也就不再是善人。如果因此助長惡勢力的增長，善人就成了惡人的共犯。

因此，各位必須對各領域抱持關心，對於人生當中惡的問題，以及讓人墮落、失敗、挫折的各種原因，必須多多加以觀察才行。

即使個人的經驗有限，但是可以透過觀察朋友、親戚、兄弟、父母、同事等的例子來學習。仔細觀察他人失敗的例子，研究問題發生的原因，研究其走上惡路、學壞的起因，都能做為很好的前車之鑑。

事前知道了，就不會跌跤失敗，但若是不知道，一下子就會被擊倒失敗。「知就是力量」，各位對此要多加研究。

先前我講述了「在學力方面，沒有必要太為自己的頭腦不好嘆息」，而本節我強調了「人對於已知之事不會失敗，因此對各種事物努力廣泛學習是有益處的」。

總而言之，與其有時間嘆息自己頭腦不好，不如為了能夠做出正確判斷，經常努力匯集知識，不怠慢於做各種研究，這也是一條幸福之道。

經營方面的問題，多屬於是經營者一個人的問題。即便是同一間公司，有時換了一個經營者，該公司就能夠迴避倒閉的危機。但是，把公司整垮的人，大多不知道自己的公司為何會倒閉，盡是閉著眼睛橫衝直撞。

這是因為此人沒有充分地學習他人的經驗或知識，才會變成那樣的結果。

總之，與其花時間嘆息天生才能或已經過去之事，不如積極努力，銳意精進，打開前方之路。

# 4 反省就能趕走惡靈（反省的原理）

## 現代人有一半以上正遭受惡靈的影響

在第三個原理，我將講述關於「反省就能趕走惡靈」的內容。不知靈性之事的人，對此難以理解，但這是現實之事。

本章，首先對於那些無法從他人身上得到愛，進而感到痛苦的人，講述了「施愛即能變幸福」的教義，之後在「知的原理」中，我講述了「若是有時間怨嘆自己頭腦不好，不如把時間用於學習，吸收知識，讓人生獲得勝利」。這兩點都可憑自身之力達成，是兩條可以透過自力走上的幸福之道。

這和邁向覺悟之道相同，從自己開始，覺悟是從自身出發。

關於反省，也可說是相同的道理。

在人生當中無法成功，走入失敗之路的理由之一，終究是因為靈性的問題，也就是所謂惡靈的影響。

活於世間之時，不相信有天國、地獄的人，或者是雖然相信，但是因為加入了錯誤的宗教，進而無法回到天國的人，在靈界無法以正當的管道回到天國的人，這些人有時會墮入地獄，但也有可能透過某種型態，徘徊在這世間。

不相信有死後世界的人們，或者是即使相信，但死後無法進到天國的人們，這些人都希望能長留在世間，基本上都不想要死。

他們為了還能繼續留在人間，只有兩種方法，一種是附身在他人身上，一種是徘徊在某個地方。

他們執著於這個三次元的物質世界，並且因為那般執著，所以不想離開世間。

一旦世人被這些靈附身，此人的人生就會開始不斷地變糟，這是真實存在的現象。

太過於強調「幽靈作祟」，讓人害怕、威脅他人不是一件好事，但在現實中，確實有所謂「靈障」的問題。

因為無法給出統計的數字，所以無法明確地說明，但作為現代社會的實際狀況，現今有一半以上的人，正遭受著某種惡性靈性影響，人們常常會遭受到來自一個或兩個惡靈的惡性影響。

特別是，當那個靈體和此人的意識非常類似，彼此擁有幾乎無異的價值觀、人生觀、行為模式時，就會變得很難判定，現在到底此人是依照誰的想法行事，兩者之間變得很難區分。

並且，常常被附身之人會出現與死去的人相同的習慣、相同的行為模式，最後也採取相同的自我毀滅的方式，兩者相似的程度，會讓人感到害怕。

因此，當某人以某種特別的方式自我毀滅而死，如果死者周遭的親戚、好友不多加留意的話，有時就會又有人以相同的模式再度失敗。這並非是「因緣」所導致，而是未能返回到天國之靈的負面影響作用造成，對此必須要加以看破才行。

所以，如果自己的內心有著與那類靈魂相通的傾向性的話，就必須努力加以修正才行。

當被惡靈附身時，自己的情緒會變得起伏激烈。其特徵就是非常容易發火、暴躁，一下子就火冒三丈。

此外，被惡靈附身之後，原來的世界觀會變得完全相反，自己會反過來看所有事情。先前提到了「要從『奪愛』改變為『施愛』」，但此人完全不會興起想要對他人施愛的念頭。

還有此人會變得抑鬱寡歡，充滿被害妄想，對他人與環境產生諸多不滿。換言之，此人變成一種「凡事必反的反對黨」的人生觀，看到了幸福的人、成功的人就是一律批判的態度，完全不會興起自己該為別人做什麼、為他人奉獻什麼等念頭。總之，此人眼中所有人都是惡人，盡是認為所有人都是壞人。

漸漸地，此人會覺得自己好像不是自己，自己好像被某人的意志操縱著，或者發現自己的人生動盪幅度激烈。

特別是，當睡眠不足或經常喝得酩酊大醉的話，就更難擺脫惡靈的控制了。

## 反省是與惡靈對戰最簡單的武器

要避免惡靈附身，有一個重點是，必須維持清楚的理性。

被惡靈附身時，情緒起伏會變得非常劇烈。此時，必須要適度的睡眠，留意健康，調整身體狀態。

在調整身體狀態的同時，還有一個與惡靈對戰最簡單的武器，那就是反省。

當惡靈附身時，不可太過於怪罪惡靈。之所以自己會一直被惡靈附身，就是因為自己心中有著與之相通的想法。

因此，並非是與惡靈對戰，而是與自身「己心之魔」對戰。

過去有釋尊「降魔成道」的故事，惡魔之所以從四面八方逼近、攻擊而來，終究是此人心中有著將其吸引而來的想法。當內心有著迷惘的時候，惡魔便會想要乘虛而入。

當己心變得沒有縫隙時，他們就無法再附身，進而瞬間便會離去。

被惡靈附身時，就會像是被電源插頭插上，惡靈進入到心中。於是，此人會感覺到疲勞加倍，煩惱加倍。

他們看到人陷入煩惱、痛苦的樣子，會感到非常愉快。因此，惡靈會想讓人更痛苦、更發狂、使其人生毀滅，被附身之人常會遭到惡靈的摧殘。

在那種著名的自殺場所，常有那些靈徘徊在那裡，當出現和自己過去有著相同煩惱的人靠近時，就會附身在此人身上，使其用同樣的方式自殺，這就是地縛靈在作祟。

所以，還是少去那種經常發生自殺的地點為妙，不要為了試膽量，刻意去那些地方。那類地點，最好盡量不要靠近。

就像這樣，既有可能會被和該地點有關係的靈附身，也常常出現被那種和自己有一些緣故的靈附身的情形。

跟自己有緣故的靈會更容易前來，即便沒有緣故，但因為靈界與距離無關，和自己的波長完全相通的靈，無論你在哪裡，就會瞬息相通。

因此，如果感覺到自己的內心有與地獄相通的部分，首先就先從自己能夠做到的事開始著手，為此，反省就成為了一個武器。

## 你的「執著」會使惡靈靠近過來

這是佛教反覆教導人們的教義，人之所以被惡靈附身，幾乎都是起因於「執著」。

自己執著於某事，其執著的根源在於三次元世界。「這個也想要，那個也想要」的執著，就是煩惱的根本所在。造成煩惱的原因，就是始於此。

因此，若是知道自己為了什麼在執著，道就不遠矣。

若是不知自己為了什麼而執著，就請試著回顧自己的一天，自己在無意之中總是在想些什麼。

自己在一天中，於心中反覆想的事情就是執著。一天中總放不下、總在頭腦中周旋的事，回過神來，就會發現自己又在想那件事。佔據在你心頭很大比例的那件事，就是你的執著。

譬如，你執著的是過去的事。回過神來，你就發現自己小時候被父親虐待的事；回過神來，你就發現自己老是想著已經分手的女友；回過神來，你就發現自己老是想著過去與上司發生的衝突。或者是，回過神來，你就發現自己在擔憂孩子的事。

那並非是有意識的思維，而是回過神來，你就發現自己在想著同一件事，並且那並非是某一天這麼想，而是每天每天不斷重複。而那件事，無疑就是你的執著。

在那執著當中，或許可能是為了達成理想的思緒，但是你必須回顧，那是否真的是為了達成理想，還是僅是成為了痛苦的根源而已。

惡靈就是把插頭插在那個地方，無庸置疑，就是那裡，你必須要斷掉那個執著才行。

## 斷執著的方法

為了能斷執著，要怎麼做才好呢？

譬如，如同前述，將奪愛之心轉變為施愛之心，就是一個斷執著的方法。此外，如果怨嘆自己的頭腦不好，抱著強烈自卑感的話，就要試著將那些怨嘆的時間，轉為用在學習上，這也是斷執著的方法之一。

又或者，藉由抱持著諸行無常的觀點看待事物，認識到這三次元世界終究僅是三次元，自己還是得離開這裡，最終自身的靈魂會獲得最後勝利。如此思維亦能戰勝執著。

這也就是說，「靈魂最終就只會勝利，世間當中的敗北，不意味著人生的敗北。在這世間當中，無論他人要怎麼說，世間是如何評價，父母或兄弟姐妹要怎麼說，這世俗的評價，和最終勝敗沒有任何關係。最終人生的勝敗，取決於靈魂的勝敗」。

就像這樣，當你能以超越了三次元世界的觀點，來看待何謂人生的勝利時，你就能夠斷執著。

並且，當你斷了執著之後，你就變得能夠訓諭惡靈。

被惡靈附身之後，看誰都不順眼，並且常常會惡口傷人。此時，此人就必須思考「這些真的是自己想說的話？還是惡靈說的話」。如果總是有說惡口的習性，大多都是被阿修羅靈附身了。

有時除了自己引來的附身靈之外，常常也有從家人那邊過來的附身靈。譬如，如果自己的太太或先生、家人等等，總是呈現出非常粗糙的心靈波長，總是爭吵不斷，自己有時就會被那原本附在家人身上的憑依靈附身。對此，必須要特別留意。

首先，不可以老是怒氣衝天，也不可抱怨連連。總是抱怨不停、毛毛躁躁、怒氣不斷的人，大多會被惡靈附身。總是對環境抱怨，各種欲求不滿，就是會變成那樣。

要盡可能地從奪愛之心轉變為施愛之心，不要盡是要求他人給自己什麼，或者希望獲得他人的好評，而是轉變為思索「自己能夠為他人做些什麼」的心境。

並且，對於無論如何努力也無法改變的事，應坦然予以接受。終究那僅是世間之事，不要過於拘泥於那不斷變化的事物，要抱持透明之心，不生執念，清爽地生活。

「過去之事就已過去，過去已無法改變。但是，未來是可以改變。努力去改變未來吧！

對於過去之事，雖然心中會有懊悔，但是應該加以反省就好好地反省，反省之後亦無法改變的事情，不應對此有所執著。過於放大檢視、思量，就會是一個問題。『今世是今世』，將那些事情當作是來世以後的教訓，今後好好地過。」

希望各位能夠抱持如此想法。

實際上，藉由反省，惡靈脫離的瞬間，會有剝離而出的感覺，就好像剝離壁紙一樣。

事實上靈是沒有重量的，但被惡靈附身時，會感覺到身體非常沉重，每天狀況都很差。譬如，好比在梅雨季的陰天，搭乘爆滿電車，全身疲累沒有幹勁，這就像是被惡靈附身的感覺。

當惡靈剝離而出，首先此人的臉頰會恢復血色。被惡靈附身時，臉龐會一陣青、一陣黑，變得像是死人的臉孔，但剝離之後，其面容會開始變得有血色。

此外，因為光入體內，血氣變得通暢，所以身體會感到溫暖。

並且，還會感覺到身體變得輕盈，畢竟身上背負著一個或二、三個靈的痛苦，是會感到很沉重的。那是因為人是靈性存在，當附身靈脫落，自己就會感到輕鬆。

然而，即便擺脫了惡靈，但之後若又是重複相同的煩惱，惡靈就又會再回來。為此，惡靈脫離之後，要盡可能地維持光明的人生觀而過，並思考要如何才不會讓自己與惡靈的波長相同。

藉由反省讓惡靈離開之後，就必須要抱持建設性、積極性的人生觀，不再讓自己與那般惡靈的痛苦波動相同。

## 惡靈附身與頭腦好壞無關

人會不會被惡靈附身，與人的頭腦好壞無關。「頭腦好的人不會被惡靈附身，頭腦不好的人才會被惡靈附身」，如此說法完全不成立。

基本上，附身與否跟人品有關係。惡靈比較不容易附身在人品好的人身上，而是容易附在人品不好的人身上。

我曾經讀過一本，匯編了日本財經部會的三名官僚座談內容的書籍。這三個人都被阿修羅靈附身了，所以我讀了之後，感覺極度不舒服，半天左右都無法工作。

應該是他們平日忙碌於工作的時候，出現了靈障。如果他們進到了房間，恐怕房間就會出現異樣，使他人感到難以言喻的不適感覺。

所以說，惡靈附身與頭腦好壞完全無關。

當心情波動激烈，抱著攻擊性的態度時，就會被阿修羅靈附身，患上靈障。患靈障之人，嚴重者不是會去自殺，要不就是會做出攻擊他人的行為。

是要遭受惡靈的靈性影響，還是接受守護靈的靈性影響，這和此人世間的頭腦好壞沒有關係。最有關係的，是此人的人品。換言之，自己的情緒是否安定、人生觀是否穩定，跟這些是有著關聯。

因此，沒有那種頭腦壞的人會被惡靈附身，頭腦好的人會被高級靈附身的事，終究是人品的問題。

此外，關於煩惱，這也和頭腦好壞沒什麼關係。不管頭腦好壞，人就是會出現煩惱。特別是，人的感性，和頭腦好壞沒有關係。

譬如，據說男女問題和智商沒有關係。不管智商是一百還是兩百，都還是會發生男女問題。

人很容易因為感情的問題，出現靈障。雖然每個人有著各自天生的特質，但對於男女關係，仍必須好好地客觀審視並加以控制才行。

以上即是關於「反省的原理」的描述。

最終，反省也是透過自己主體的力量，突破靈障，一條進入幸福的覺悟之道，這也是從自己出發之道。

# 5 心念必實現（發展的原理）

## 無論善念或惡念都將實現

最後，我要講述關於「心念必實現」的內容，這是四個原理的第四個「發展的原理」。

由於每個人所處的階段不同，各自「發展的原理」也會有所不同，所以要講述能夠符合每一個人立場的內容，著實困難。

然而，基本上，人終究是靈性存在，靈的世界可以說是心念的世界，心念必定會實現的世界。

抱持地獄性心念的人，若是聚集於靈界當中，地獄界就因此展開。在地獄界裡，人們在煩惱和痛苦當中，相互折磨、摧殘。另一方面，天上界則是一個人們互相幫助的世界。在靈界當中，展開著心念的世界，那是一個真實的世界。

因此，心念正是人的本質，肉體則是為了讓心念實現的乘物、手段。

首先，必須要對此有所認識才行。

因為這個世間是物質世界，所以心念在世間直到實現，多少必須花一些時間。就像從此地到他地，必須要搭車前往才行，為了讓心念於世間實現，有時就必須要使用各種物質或物體才行。

在靈界裡，譬如若是出現了「想從東京前往名古屋」的念頭，一瞬間就會移動至名古屋，真的是轉瞬之間，那是一個無關時間、空間，令人感到訝異的世界。

我看到死去之人的相片，就會和此人一秒相通。從天國到地獄，無論何處，一秒即能相通。因此，我盡可能將注意力放在回到高級世界的靈。如果太過於留意到了地獄界的靈，一旦心念相通，對方就會賴在身邊，讓我感到非常地不愉快。所以，必須要留意自己盡量不要太關注於那般世界。

那樣的世界儼然存在。

即便是在這個世間，人自己的心念終將實現。無論那是善念還是惡念，都會實現。那跟之所以會展開天國世界或地獄世界的理由，完全相同。人既會實現天國般的心念，也會實現地獄性的心念，無論何種心念都會實現。

譬如，如果有一個抱持著「我想要殺人」的念頭的人，此人或許就會去殺人，即使沒有殺到人，但此人有可能會遭遇那樣子的犯罪事件，反而自己遭受到殺害。就像這樣，若抱持著惡念，就必定會招來惡性的結果。

如果每一個人都抱持著「我想讓他人幸福」的心念而過，事實上，那裡就會出現天國世界。那樣子的人，人數若是增加，天國就會出現。然而，如果每一個人都希望他人變得不幸，心裡總是想著「一定要讓他人不幸」的話，那裡就會出現地獄世界。

心念無論善惡終究都將實現，這即是靈界的真相。

在世間當中，因為有三次元性的阻礙，所以心念的實現，多少會有遲鈍的一面。他人會以各種各樣的方式介入，所以心念難以直接地實現。但是，從長期來看，經過十年、二十年、三十年，人的心念必定會實現。

心念有如流動的岩漿，會逐漸固化。雖然會有程度之差，或色澤多少有點不同，但終究人會朝著自己心念的方向實現事物，好的壞的都會實現。

此外，人會朝著自己關心事物的方向，每天不斷前進，這也是無庸置疑的事實。

因此，關於發展的原理，首先對此不可不知。這個世間存在著心念的法則，無論善念或惡念，皆會實現。如果抱持著惡念，就會吸引來惡事，抱持著善念，就會吸引來善事。藉由靈界的法則，必定會變成那樣。

首先，各位必須要能明辨善惡，必須要認識到「自己的心念具有著實現的力量」。

## 「愛」、「知」、「反省」是為了達成「發展」的方法

若是能好好地觀察己心，並且好好地於心中描繪前述的愛、知、反省，那麼其結果，就會連結到這個發展的原理。藉由愛的原理、知的原理、反省的原理，妥善端正自身的結果，就會朝向發展的原理。

在愛的原理當中，當心念朝向「奪愛」，拚命地發出那般意

念的話，最終就會讓自己和他人朝不幸的方向前進。在知的原理當中，如果將心念擺向錯誤的方向，最後就無法變得幸福。在反省的原理當中，如果知道反省的重要，心念就會朝向正確的方向，沒有反省的人，實際上，其心念就會朝錯誤的方向前進。

因此，若是能完成「愛」、「知」、「反省」的德目，終究「發展」的原理，也會朝正當的方向運作。

朝著關愛他人的方向前進，就會有所發展。在知的原理中，若能進行各種各樣的學習，即能夠促進發展。在反省的層面上，藉由一個又一個地解決人生的失敗，或自身的錯誤、煩惱，並且對那些問題研究、分析，給出答案，這亦將踏入發展之道。

「愛」、「知」、「反省」，每一個皆是促進「發展」的方法。透過實踐那些原理，達成發展，首先不會有多大的錯誤。

## 抱持著自己的幸福能促進「全人類的幸福」的人生態度

首先，各位要相信「心念必實現」的法則。

過了十年、二十年、三十年，心念必定會實現。即使在今世未能完結，若是把視野擴展到靈界，那終將實現。

譬如，就像耶穌基督一樣，他雖然作為救世主轉生於世間，但最後被釘在十字架死去。如果只看這一世的話，就會認為其心念並未實現，並感覺他的傳道失敗了，他的十二個門徒，最後也都背叛逃走了。除了為了金幣而把耶穌出賣的猶大，其他門徒因為害怕遭到迫害，說著「我不認識耶穌」而逃跑。

因此，可以說耶穌的心念，在這世間肉體人生落幕之際，是以一種挫折、失敗而告終。

然而，那作為救世主的願望，經歷長久的時間，最後圓滿達成了。

就像這樣，各位必須認識到，雖然有時心念在一定的時間內，無法成功達成，但在長久時間的變化中，幾乎都能確實地實現。

並且，在基督教當中，那般救世主的心願雖然實現了，基督教所抱持的悲劇性的想法，在這兩千年間影響世人深遠。即便是正確的宗教，各自都亦有著各自的特色，因為基督教當中有著那般悲劇性、末日性的思維，在其後的傳道過程中，亦出現了眾多悲劇性的事態。

在幸福科學當中，非常重視「如何發出心念、將心念朝向何處」。

心念雖然必定會實現，但「那是何種心念，又如何實現，之後又會變得如何」，對此必須要經常加以思索。「因為如此心念而行動，創造了一定的潮流，之後又會變得如何」，這需要時時加以檢視才行。

最後，終究必須要將心念集中於「全人類的幸福」上。全人類的幸福，以及為了實現那般幸福的自身的幸福。如果你的心念是「自己的幸福達成之際，那將連結著全人類的幸福。自己想要抱持著自己的幸福能促進全人類幸福的人生態度」，那麼你的心念實現之時，將不會出現錯誤。

就像這樣，各位要將自身真實的幸福，朝向與實現全人類幸福的成為一體化的方向邁進。

盡是追求實現自我，進而做出壞事的人，至今屢見不鮮。即便此人看似獲得了世間的成功，但若是其中沒有蘊藏著正確之心的話，壞的心念也會實現。好比因為想要獲得金錢，最後變成了銀行搶匪、詐欺騙子。

將自身的幸福與促進全人類的幸福朝向一致的方向，並樹立如此志向，持續努力十年、二十年的歲月，漸漸地你的人生就會往那個方向轉動、實現。

在此，你應該要隨時檢視的是「自己的幸福是否與全人類的幸福連結著？自己的心念是否出現了錯誤？自己是否朝著正確的方向前進？」。如果都沒有問題，並且又能夠長久抱持那般心念的話，最後必定會實現。

你的熱情、努力，以及時間的長短，決定了實現的程度。你的熱切的心念，以及基於那般熱情，你做了多少努力？現實當中你做出的努力，究竟是到了何種程度？並且，你花了多少時間加以成就？熱情、努力、時間，這些事物加總的結果，必定會讓你的心念實現。

這就是所謂發展的法則。

## 6 將實踐四個原理作為修行課題

本章所講述的四個原理，皆經過了我親身的實踐和體驗，盼望各位亦能夠加以實踐。

關於幸福的原理，實際上還有其他眾多深奧的教義，遍佈在我的其他各種著作之中。本章僅以「讓人幸福的四個原理」為題，以非常簡潔易懂的方式講述。

本章內容除了可以作為傳道時的切入點，亦可作為公案，運用在自身的反省或瞑想上。在本會的研修當中，可以一邊坐禪，一邊思考如何「擺脫『奪愛』之苦」；思索如何「將怨嘆頭腦不好的時間用來學習」；思慧「透過反省擺脫惡靈」的道理，以及思量「心念必實現」之教義。藉此，我想各位的修行一定會更往前一步。

# 第4章
# 幸福科學入門

——教導所有人「為了變得幸福的應有心態」

# 1 幸福科學的原點

## 從入會申請書制度到「拯救眾人」

幸福科學展開活動以來，已經過了三十七年（自一九八六年）。在這期間（截至二〇二三年十二月），我的著作數量也超過三千一百五十本，所進行的說法次數亦超過了三千五百次。

這也使得新加入的會員往往不知該從何學起，似乎會感覺到自己像是在龐大的佛法真理的大海當中游泳。

因此，在本章我以「幸福科學入門」為題，講述在現階段，人們應該抱持何種想法加入幸福科學，以及幸福科學的基本教義到底為何。

這話由我來說或許有些奇怪，但因為幸福科學的教義規模十分浩大，本章的內容或許只能算是「入口的入口」。但至少在閱讀完本章後，各位會對「幸福科學的基本想法」有所瞭解。

本會累積了各種各樣的教義，但那並非是如糟粕般的胡亂內容。若是回顧我最初的講演，就會發現作為基本教義的「幸福的原理」，早在第一次講演時就已經提出。在那之後，我又陸續講述了「愛的原理」等十大原理（參照大川隆法著《幸福科學十大原理〔上卷〕》、《幸福科學十大原理〔下卷〕》〔均為幸福科學出版發行〕）。

說到本會是以何種結構進行營運，在創會之時，若是想成為會員，還必須符合入會資格。並非任何希望入會的人都能加入，我們採取了入會制度，以此判斷此人是否適合在本會學習。

為了防止有人以半吊子心態入會，或者出現妨礙其他會員的情況，我們會請人們在申請書上寫下入會動機以及讀完了基本書籍的讀後感想，之後再由我親自判斷此人，在認真閱讀了真理的書籍之後，是否真的立志想在幸福科學修行。

最初，若有一百人希望成為會員而提交了申請書，入會的合格率大約在四成左右。

大約四成的申請書上，我是打上「圓圈」，五成左右是打上「三角形」。三角形的意思是「尚待觀察」，也就是此人需要再讀書學習、反省，六個月之後再重新提交申請。

剩下一成的人，是我在讀了他們的心得之後，感覺到對方出現了靈障，或是宗教閱歷太過豐富，以至於讓人懷疑其心智是否變得有些不正常的人們。這類人在讀了靈言集後希望入會，但我不免擔憂「就這樣讓他們入會的話，是否會妨礙到其他會員」，於是判斷這一成左右的人為不合格。

最初被判定為尚待觀察的人們當中，許多人後來成為了教團幹部，讓我不禁感覺「當初真是對不起他們」。但他們後來卻表示「托您之福，我們得以學習到很多，也才不會產生慢心。那時，看到先行成為教團職員或會員的人，總覺得他們光芒四射，令人十分羨慕」。

就像這樣，我當時的想法是「避免教團在起步階段就變得過於龐大，首先應致力於製作更好的內容」。當時我的構想大概是「打造一個幾千人規模且扎實穩健的優質團體，接著再緩慢增加到一萬人左右，待獲得一定程度的社會好評，且營運方針也固定下來之後，再逐步擴大」。最初的三年左右，我們在營運上十分地抑制發展。

但即便我們那般抑制規模的擴大，人們那爆炸性的能量仍舊不斷湧入。畢竟掌握營運的訣竅需要時間，因此在那之後的營運吃了不少苦頭。

就個人層面來說，我也還有很多基本書籍想要撰寫，若是太忙的話，就沒辦法整理思緒了。所以即便那麼做會抑制會員人數的增加，我還是決定先把思想整理清楚。於是，我先提出了基本的思想，讓那些能贊同如此思想的人一起努力。

「只讀了一本左右的靈言集，尚未確實建立觀念，卻急著表示『我想成為會員』，這樣的話是不是有些危險呢？這類人即使成為了會員，但是否會變成不怎麼可靠的會員呢？」，出於如此顧慮，我才制定了「為了避免對教義產生誤解，請各位在讀完一定數量的書籍，好好學習之後再加入」的方針。

即使是喜愛宗教的人，但是當思考方式出現偏差時，也可能遭遇問題，不出所料，最初就有幾個這樣的案例。「大部分的思想我都很贊同，但唯有這一點無法認同」，就像這樣，有些人因為無法克服思想上的歧異而無法入會，好在我當時先想到了這個層面的問題。

不過，作為一個宗教，弘揚教義是宗教的使命，因此我心想「即使入會的人當中多少有些有問題的人，但假如整體的規模能夠壯大起來，那麼就能在一定程度上消化那些問題吧」，於是在一九九〇年代開始進入了「大乘的時代」，以「拯救一切眾生」為目標，致力於擴大規模。

剛開始在海外展開活動時，有人曾如此評價，「設立入會制度，還舉行考試，不及格就不能加入，這樣的宗教前所未聞，這根本不是宗教，盡可能地增加信徒才稱得上是宗教。也正因如此，宗教才具有公益性，你們這樣做，不就跟學校一樣了嗎？」。確實，剛開始的時候，我們有很多地方確實跟學校有點相似，這是事實。

也曾有海外人士奉勸「既然是宗教，就必須讓更多人加入才行」，這話也不無道理。他們告訴我們「這麼保守的作法就不是宗教了，應該讓更多會員加入才行。惡質教團都在用洗腦的方式瘋狂招人了，正經的教團卻如此瞻前顧後，可像話嗎？假如不讓大量會員加入，我就不認同你們是宗教」，也正因如此，我才決定「那就放開手腳，讓所有人都加入吧」。

總之，當時的入會制度有些沒跟上成長腳步，但就某種意義來說，這也代表了我們從一開始就是非常受歡迎的宗教。

## 因「書籍」讓信徒廣布

我的著作經常居於每年暢銷排行的第一名，但有一些書籍經銷商，為了阻止我的著作在所有市面書籍中登上暢銷第一名，可謂是費盡苦心。為了讓其他書籍的排名能超越我的書籍，他們一直為「怎樣才能提升其他書籍的銷量」而頭痛不已。

如果我的作品一直占居首位，無疑會遭受大型出版社或其他作家的嫉妒。由於那些嫉妒會變得非常棘手，所以經銷商不得不給他們幾分面子，讓幾家大型出版社的書籍排名，排在我的作品之上。至於我的著作，「如果周遭暫時沒什麼聲音，經銷商就將我的書籍排名移至第三、四名。如果周遭開始出現聲音，就將我的書降至第十名左右」，曾有專家表示他感覺經銷商總是這麼操作。

事實上，這幾十年來，我的著作在日本的排行榜上一直占居首位，但在日本這個國家，這類不當的操作卻被公然行使。

從某種意義來說，這意味著信教的自由尚未確立，因為人們普遍認為，宗教的推廣是違背倫理的。

但在美國等國家，即使是諾曼・文森特・皮爾和羅伯特・舒勒這類新思想的宗教家，他們的作品能光明正大地榮登暢銷作品榜首，在報社發表的排名當中也是位列第一。

在美國，宗教類書籍反而經常位居第一。這類書籍會理所當然地被列為暢銷作品，並不會刻意地被差別對待。

日本之所以會如此對待出版作品，可能是因為他們認為宗教會逼迫信徒購買書籍吧。

不過，本會可以充滿自信地主張，最初我們對會員的入會資格非常嚴謹，並且是在書籍躋身暢銷作品之列後，信眾才增加的。本會的情況是書籍先大賣才有信眾，因此存在著實際會員十倍左右的潛在會員。我們並非倚靠前一代留下來的信眾組織，才造就了作品的暢銷。

因此，初期舉行講演會時，會員數時常僅占所有聽眾的一成至三成左右，其餘都是尚未入會的人。我是以這些群眾為對象，舉行了萬人規模的大型講演會。從這層意義來說，我相當具有自信。

其他教團是把根本賣不動的作品，以大量採購的方式購回，所以經銷商才不會把那些書籍列入暢銷作品排行的前幾名。不過，以我的情況來說，是先有作品的暢銷，才有信眾數的增加。並且因為信眾增加的時間比預期來得早，如果我說「無可奈何」可能會有些語病，但我們也才無可奈何地創立了組織，並完善了入會體制。

有鑑於上述情形，我認為本會或許跟其他教團有些不同。

然而，如果營運方面的負擔過重，就會影響到說法等活動層面。所以一定程度上，我也判斷以巡航速度來擴大教勢較為理想。

如今，我們已變成了大乘型態，跟當初的營運型態不同，但當時的精神本身依舊留存至今。

我極力避免自己忘記「高度」，我終究希望將法的高度，以及會員努力鑽研於法的姿態，作為原點保留下來。並且，希望本會能夠採取「努力修行之人得以引導他人」的形態。

# 2 「探究正心」與「幸福的原理」

## 區分人的幸與不幸的「心的法則」

至今我已講述過三千五百次以上的講演、法話，沒有任何一次的內容是重覆的，每次講述的內容都不一樣。在某種意義上，各位學習起來可能會非常吃力，不過站在我的角度來看，這是身為說法這一方的良心。我秉持著產出新作品的態度，精心地講述一個又一個新的法話。

我抱持著「希望人們能一個不留地全部學習」的心情，一個接著一個地確實講述，讓人們足以獲得覺悟、變得幸福的主題。我是帶著「這個應該也必須講述，那個應該也必須講述」的心情在說法。

一如我的預測，每個人對哪一個教義會產生反應，皆不盡相同。有的人被這本書感動，有的人則受那本書感動。即便是同一本書，不同的人也會對不同的地方產生反應，被不同的內容所拯救。

因此，即使我認為「這是不是沒必要講述啊」，但念頭一轉，或許有人會因為這部分的內容而獲得拯救，所以在抱著如此心情講述之後，還真的會恰巧地拯救到某些人。即便我在心中想著「這部分應該派不上用場」，但終究還是會出現有幾十人，甚至幾百人因為這部分的內容而感動。

聽聞我說法的聽眾當中，很多人的心中會興起「這簡直就是在說我自己啊。我被指摘了錯誤之處，被訓斥了」的心情，但我並不是因為認識某人而特別訓斥此人。

就像這樣，「法」會觸動到許多人。法可以直指許多人內心的錯誤、勉勵人們，呼籲人們重建人生。

這是因為我一直關注著眾人內心的動靜，同時不停地探究著「什麼樣的教義才具有普遍性、法則性」。

並且，我也以各種方式向人們論述著「在多種多樣的人生態度中，存在著一定的『心的法則』，遵循這個法則就能變得幸福，違反這個法則就會變得不幸」。

由於我抱持著「希望人們能夠在某處與法相遇，在某處與法結緣」的想法，講述著各種教義，所以我的說法內容廣泛且涉及多個領域，但其中總是貫穿著一條「心的法則」。

我的心念總是朝向心的法則。人要變得幸福，自有其法則，人會變得不幸，也有其法則。那麼這個心的法則是什麼呢？對此，我有時會舉出個別的具體事例，做出歸納性的引導，有時則會透過像是「佛心、神心就是如此，照著這種心境活下去就能變得幸福」的演繹性說法表達。這兩種方式我都會採用，但主軸皆在於心的法則。

## 何謂真正意義的「正確」

從一開始，我就將心的法則當中，為了變得幸福應有的心的姿態稱之為「探究正心」。

著實很難用一句話闡述「探究正心」為何，但我們所追求的「正確」，歸根究底就是「遵循創造了大宇宙的根本佛的理法之心境」。

在這般正確之中，當然包含了除宗教之外無法觸及的信仰心。從這層意義來說，我所說的這個正確跟世俗意義上的正確，未必完全一致。

世俗意義的「正確」當中，舉例來說，有著像是科學領域中存在的各種定理、假設和學說。人們主張「從科學上來說就是這樣」，然而學說或假說只是一種見解，其真實性未必獲得了充分的證明。

無論科學家們如何聲稱「人類誕生於幾萬年前」、「人類是在幾十萬年以前演化成現在這樣」、「人類是在四百萬年前從黑猩猩分化出來的」等各種說法，我皆未採信，我不認為他們的主張是正確的。

不過，既然學校是這樣教的，那麼學校的考試將這些視為正確答案倒也無所謂。雖然教科書的內容未必正確，但現階段既然被教育部認可為學問，那麼對於這個範圍內的事情，我無意批評。

本會所述說的正確，與上述科學研究成果或學問成果未必一致。畢竟不能過於強勢地導正這些觀點，導致在學校等地方引發軒然大波，所以我也認同「學校的事歸學校管，學校外的事就在學校外解決」。

就如同過去，耶穌在看見金幣後說「讓凱撒的歸凱撒，上帝的歸上帝」，這世間有這世間的法則，所以對於在世間順利運行的東西，我並不打算說上太多。

但是真正意義的正確，是以佛神存在為前提的正確，是以靈界觀為前提的正確，這層意義並未被寫入教科書之中。

那些被稱作科學的學問，甚至連靈的存在都幾乎無法實證。此外，為了解開生老病死的疑問，釋尊在二千五百多年前出家，然而醫學時至今日，卻仍無法說明人出生於世的真正理由，也無法解釋

「死亡是什麼？死後的世界是何種世界？」。就算經過了二千五百年，依舊尚未解明。不得不說，宗教的世界還有著必須在根本上存在的理由。

從這層意義來說，我不認為科學、醫學和教育領域所稱的正確是完全的正確。就此，我無意過度議論，搞得這世上的生存或生活都難以成立，但是我仍想將信仰的世界所說的正確定為基軸。

在世間生活時，確實有所謂方便法。譬如，醫學工作者當中固然也有人抱持著信仰心，但在行使醫術的範圍內，他們也會使用藥物、切除患病部位等這類唯物論層面的手法。這種做法本身，作為醫學領域內的方便法是被允許的。不過，對於根本性、靈魂性的部分，若有認知不足的地方，我還是會明確地指出其不足之處。

這一道理在憲法或法律上也是相同。憲法並非神所制定的，制定憲法的是人。法律也是由國會以多數決制定通過的，所以其結論亦會因政黨的席次出現變化，而有所不同。根據哪個政黨取得多數席次，結論就會發生變化。就這層意義來說，這部分並不屬於絕對性的正確。雖然還有法官、律師等法律專家們，但我認為他們的正確，從根本來說，跟信仰世界的正確有所不同。

但是就如我在本會的初期，即靈言集的時代也曾講過，我們所說的正確，並不是「『只認定一種說法為正確』的正確」。

即使是高級靈，也會因個性的差異而有不同的意見。這一點，我在《大川隆法靈言全集》中已經有所證明。

當然，就「內容具有一定水準以上的程度，是能夠讓人變得幸福的觀點之一」來說，高級諸靈的言論皆已經符合天上界的條件，只是在做法或思考方式上，存在著差異之處。

究竟哪種想法可以讓人更幸福，這一點依每個人的情況不同，終究會有所不同。整體來說，哪一種較為正確，哪一種更具可信度，這一點看宗教的勢力就會明白。但是，存在著多樣觀點，就意味著存在著多種需求，所以我並不否認這些不同之處。

因此，我認同正確當中亦存在著幾種多元性。然而，即便存在著多元性，卻也都必須心向唯一的佛心、神心，這就是我們所追求的正確。

## 作為「幸福的原理」的四正道

作為「探究正心」的具體內容，我講述了「幸福的原理」。對於「何謂探究正心」的這個問題，其答案就是「探究幸福的原理」。所謂幸福的原理，就是「以此為中心進行探究並付出努力，人們就能變得幸福」的原理。並且，幸福的原理並不是一個獨立的原理，而是包覆了其他原理的思想。

其中第一個即是「愛的原理」，第二個是「知的原理」，第三個是「反省的原理」，第四個則是「發展的原理」。

當然，我也有講述除此之外的其他原理，讓人變得幸福的方法有很多，數不勝數。但幸福的原理簡要來說，即是「愛」、

「知」、「反省」、「發展」的四個原理。

我將這四點稱為「現代四正道」。

我跟人們說著「請遵守這四個原理，只要時時牢記這四個原理，努力探究正心，就不會過於偏離正軌，死後至少能夠回到天上界。此外，還能在世間進行為了成為光明天使的修行」。

因此，我希望本會的信眾可以「探究佛性」、「探究正心」。至於具體目標，我希望人們可以日復一日地不斷實踐作為「幸福的原理」的「愛、知、反省、發展」這四個原理的探究。

那麼，幸福科學的基本教義是什麼呢？內容如下。

「幸福科學要求每位信徒都要探究正心。並且，對於探究正心的具體實踐，我們倡導的是幸福的原理。幸福的原理分為四個原理，分別是愛的原理、知的原理、反省的原理、發展的原理。

只要能夠遵守這個條件，就是一名合格的幸福科學信徒。如果能夠不忘這一點，總是將其置於心頭，進行學習、反省、祈禱、參加傳道活動等，或者秉持這一點度過職場生活或是身為社會人士的生活的話，就不會過於偏離正軌。如此一來，就可以說作為一名信徒，有確實地在日日精進。」

這就是基本教義的架構。

# 3 愛的原理

## 摒棄「奪愛」，實踐「施愛」

作為幸福的原理的第一原理，我提出了「愛的原理」。

架構當然有各種各樣，但作為法門來說，我認為既然最初的原理是教義的入口，其廣度還是盡量寬闊一些比較好。第一原理還是讓任何人都可以參與，教義相對廣泛的內容較為理想。而說到廣泛的教義，終究「愛的原理」較為合適。

對於頭腦聰明的人，為了能提升覺悟，我也可以為他們講述深奧的內容，但並非所有人都是充分學習過的。此外，現實當中因為痛苦、煩惱所困的人們，並非都是那麼理性地在煩惱著，他們多是在感性上痛苦著。大多數都是感性上的痛苦，或以感情的痛苦為主。

因此，若要舉一個世界共通且法門宏大的原理，那麼愛的教義最為理想。這個教義最為廣闊，最能夠讓人們馬上融入，但並不表示它低階。雖然任何人都可以進入，卻也是任何人都無法畢業的法門，而這就是愛的原理。

愛的原理當中有許多應該述說的論點。首先，作為邁向覺悟的一轉語，我想講述的是「各位所認為的愛，實際上是不是『奪愛』呢？各位是否認為從他人拿取、獲取才是愛呢？並非如此。各位難道不是因為只想著如何獲得，才飽嘗痛苦嗎？」。

這樣的愛，是過去原始佛教稱其為「愛」的執著之愛。原始佛教當中，將執著稱為「愛」，而我所教導的「施愛」則稱為「慈悲」。本會所教導的愛的教義，並非是指執著，而是慈悲。所謂慈悲，就是徹底地給予。不求回報、徹底付出的心，就是慈悲。

我將慈悲稱之為「施愛」，是因為用這個詞世人較容易理解。事實上也可以用「慈悲」來表達，但這一說法較為古老，考量到現代人可能較為難以理解，於是將其以現代口吻翻譯為「施愛」。說「慈悲」的話，可能會有些人摸不著頭緒，但若換成「施愛」，小學生或中學生也能理解吧。

說到「愛」，各位腦中浮現的幾乎都是被心儀的男性所愛、被喜歡的女性所愛、被父母所愛、被孩子所愛等，從他人身上獲取的愛吧。並且，也會因為沒有獲得足夠的愛而感到煩惱吧？必須解決這個問題才行。

假如所有人都希望獲得愛，而沒有人供給愛，那麼這個世界的愛將會變得不足。所以，首要之務是必須供給愛。如果每個人都能付出愛，那麼世界將充滿愛。我們絕對不能總是考慮奪取他人之愛。

一個缺乏愛的社會、一個奪取愛的社會，就如同大部分的人都生病了，躺在醫院的病床上接受治療，並哀號著「我這裡痛，我那裡痛，給我更好的藥，讓我輕鬆一些」的狀態。如果人們都這樣哀號，那會有多難辦事，那將需要更多的醫生和護士，也需要提供更多的藥物。

所以，從自己能力所及的範圍內開始付出愛吧。為幫助他人付出行動吧。在期望自己變得幸福之前，請先試著讓他人變得幸福。隨著這樣的人越來越多，煩惱也將自動解決。

各位的痛苦幾乎都源自於執著，那是一種「我希望別人對我這麼做，別人卻沒有照做」的痛苦。在佛教當中，稱這種苦為「求不得苦」，也就是「無論怎麼索求都無法獲得的痛苦」。這是釋尊講述的有關苦的教義，意思是「在這世上，有些事物是無論怎麼追求都得不到的」。

人們如果總是說著「我明明希望對方這樣做，對方卻不照著做」的話，將不會有任何一個人是幸福的。首先，請從做得到的事情開始做起，對於他人，應該實踐施愛，道路將從此處開啟。

實踐施愛的人們已經邁出了通往幸福的第一步。首先，自己的每一天都會先變得很開心。接下來，看到別人喜悅的樣子，自己也會感到開心。如果看到別人喜悅的樣子、別人幸福的樣子，自己也能感到幸福的話，就相當於你已經朝著天國邁出了第一步，並且這樣的人在死後會前往天國。

看到別人幸福，就興起羡慕、嫉妒之心的人是不行的。一個人如果抱持著「只要自己幸福就夠了，其他人最好不要變得幸福，其他人最好都陷入不幸」的心態，那就屬於地獄的心境。

假如看到別人幸福就能興起歡喜之心，那就具備了進入天國的條件。即使只掌握了作為第一道關卡的愛的原理，也足以讓天國的大門為你敞開。

這原理看似簡單，實則非常深奧。

## 愛具有發展階段

進一步來說，我還在《太陽之法》等著作中提過，愛的教義包含了幾個階段。分別是「關愛之愛」、「勉勵之愛」、「寬恕之愛」、「存在之愛」。這些乍看之下，像是晦澀難懂的哲學理論，但不見得是如此。

最初的「關愛之愛」，是對周遭人們的愛，也就是鄰人之愛，是指對家人、朋友等每天接觸到的人們的愛。這樣的愛看似低層次的愛，但絕非如此。如果能跨過這一階段的話，人們都可以進入天國，所以這是非常宏大的法門，人們首先必須實踐的就是關愛之愛。

接下來，以可以進入天國的心境為前提，我提出了稱為「勉勵之愛」的再高一階的愛。這種愛有著稍微嚴厲的一面，是必須運用智慧的愛，是一種身為指導者、領導者的愛。

譬如，教師的愛、學校老師的愛並非是單純溺愛學生。當然，孩子若得到誇獎或被溫柔對待時，皆會感到開心，但在教育一個人的時候，僅是這樣是不行的。該責罵的時候還是要責罵，該糾正的時候還是應予以糾正。即使那對此人來說非常痛苦，但也必須教導此人「現在不努力的話，道路不會為你敞開」。

這種運用智慧，且兼具溫柔與嚴厲的愛，就是勉勵之愛。如果能夠提升到這個階段，就可以成為這世上相當出色的指導者。

在這階段之上，還有名為「寬恕之愛」的宗教境界，此時將具備更深一層的愛。

若是只考慮到自我，把自己視為與他人不同的獨立個體時，最多只能到達勉勵之愛的階段。

但如果再進一步提升宗教境地，就會感覺到自己是自己，卻又非自己。會萌發出「佛讓我在祂巨大的手掌上活著，我就站在祂的手上」的感覺，並逐漸明白「自己是作為佛的一根手指活在這世上。自己是作為祂的一根手指，在這世上活動」。最終形成「我是我，也非我。為了成就佛的使命，我被選為祂的一部分活在這個世間」的如此深奧的人生觀。

當如此深奧的人生觀出現後，就能以非常慈悲的目光看待一切，會為所有活於世間的生命，努力於今世靈魂修行的模樣感動不已。

因此，無論面對如何窮凶惡極的人，都能從中發現善的光芒、佛性的光芒。明白此人的內心明明存有佛性，現在卻因錯誤的思想或錯誤心念而犯下罪行，陷入痛苦之中。

修練至如此心境後，即使是面對罪人，也能夠萌發愛之心，慈悲之心。並且，會產生如此心理，「能否想辦法讓此人的佛性閃耀出來呢？即使其他人無法愛此人，我也要努力愛護此人內心的佛性和佛光」。

此外，你還會為活在這世間一切生命的姿態所感動。你會感動於花草的欣欣向榮，也會從動物們拚命活下去的姿態中感受到佛光，並且慢慢理解到動物們也在進行靈魂的修行。

動物們也在奮力修行，牠們為尋求食物活用智慧，為躲避天敵用盡全力保護自己，也為養育子女奔波勞累。牠們在冬日漫漫大雪中，撐著快被凍死的身體找尋稀落的枯草，拚盡全力，只為活下去。牠們也是為了追求再上一層的靈魂進化，而不辭辛勞地努力奮鬥。

「雖然要成為人類的道路還很漫長，但從根本來說，動物也宿有與人類相同之物。牠們也有著跟人類一樣會喜怒哀樂的心。所有動物應該都期盼著『希望在漫長的轉生過程當中，最終能夠變成人』。」

漸漸地，你能以如此眼光看待動物們。

「從一切生命身上皆能看到佛的生命」，如此覺悟的階段，就是寬恕之愛的世界。到達這個階段之後，就能看到勉勵之愛之前的階段，所無法看清的事物，進而轉變為寬恕之愛的心境。

在這階段之上還有「存在之愛」，那即是如來的愛，那是廣闊博大的境界。不過對於這一階段的愛，各位尚不必著墨太多。各位先盡自己最大的努力，實踐「關愛之愛」、「勉勵之愛」、「寬恕之愛」就可以了。

「那個人的存在本身，成為了一種時代精神，照亮這個世界」，如此存在之愛的境界，或許並不應由自己主動追求。那取決於世人的評論、後世的評價，並非由自己追求。

然而，「但願自己能成為如太陽那樣的存在，將全生命投向所有生物；或者但願自己能成為如同為乾渴的山川草木降下甘霖的雨雲、為乾裂的大地滋潤的雨雲一樣，那般慈悲為懷的存在」，抱持著如此心境，就是心懷存在之愛。那是一種「不只是為身旁的人，亦想照亮天下」的心境。

幸福科學進行著各種傳道活動，然而在這世間的活動還有許多的極限。即使出版了暢銷作品，也有人讀不到；即使進行了講演，也有人聽不到；即使推出了法話的影片或CD，也有人接觸不到；即使有些著作已經翻譯成外語出版，依然有人接觸不到。這種人還有很多很多。

但是，我們依然抱持著「希望向更多的人傳遞真理，希望他們能變得幸福」的心情。我希望能夠做出這樣一番大事業，而齊聚於幸福科學的各位也是如此盼望吧。

從大慈悲、大悲之心來看，「家人和樂融融」、「朋友和睦相處」，或許這種愛有些微小。我們最初所講述的「愛身邊的人」，或許只是細小的愛。但是，我們必須從這一步開始，成長為宏大的慈悲。

就像這樣，愛是有發展階段的。

當然，愛的各個階段也有共通之處。關愛之愛當中包含了部分的勉勵之愛，勉勵之愛當中也存在著關愛之愛、寬恕之愛。

此外，任何人都可以化身小小的存在之愛。首先，必須化身為家庭中的存在之愛。父親作為父親光芒四射，母親作為母親綻放光輝，孩子則作為孩子熠熠生輝。在學校照耀他人，或是照耀整個地區。如此小小的存在之愛，是任何人都有機會做到的。

各階段的愛既各自獨立，又有相同的地方。其觀點在於「愛的表現方式中存在著何種階段的差異、發現上的差異」。每一個階段的愛都包含了其他階段的一面，區別只在於「哪一面最為突出」而已。

以上，即是結合覺悟的階段和愛的階段的「愛的發展階段論」。

## 廣布愛的原理，世界將變得和平

愛的原理就是在告訴人們「停止『奪愛』，活於『施愛』」，只要遵守這一點就能進入天國，這是很可貴的。

然而，實踐「施愛」時，若是缺乏智慧就有可能遭遇失敗。有時會出現因溺愛而導致他人墮落，因誇獎作惡之人，而助長為非作歹之人繼續作惡的情形。當出現這種局面時，就必須運用智慧。

有時即便是出於無奈，也必須運用智慧，該斥責的時候就該斥責，有時也必須露出嚴厲、如嚴父般的一面引導他人，如此勉勵之愛也是必須學習的。

不過，假如勉勵之愛太過強烈，那麼區分善惡的目光，就會過於分明。太過於善惡分明，有時就會稍微偏離本來的佛心。能克服這個問題的，終究是寬恕之愛。對所有生命皆抱持深厚的慈悲心，就可以跨過那分別心。

並且，你還要再進一步努力抱持如此心態，那就是「想讓自己今生數十年或是百年的人生，留下最大程度的光芒，給予更多人們光明。希望自己能如暗夜中的法燈一樣，盡可能照亮更多的人。希望自己能有如屹立於港口的燈塔一樣，盡可能地照亮遠方」。

愛存在著不同的發展階段，各位修行者對此必須銘記在心。

不過，在現實中，你在一開始就會遇到難題。剛想著「要實踐存在之愛」，結果不是夫妻吵架，就是親子爭執；不是兄弟反目，就是朋友決裂；有時還會在職場跟上司爆發衝突，被同事嫉妒等，各種各樣的情況都有可能發生，最後導致難以實踐。

因此，並不是「這個階段結束了，自己的修行也隨之結束了」，原點會一直不斷地反覆出現，必須時時檢視自己，持續修行。

這就是愛的原理。只要掌握這一點，世界就能和平，並且，也能補足基督教的愛的教義的不足之處。基督教講述了愛的教義，不過因為有不足之處，所以導致紛爭不斷。若是能夠將佛教理念當中的愛的教義融入其中，將其轉化為慈悲的教義，那麼紛爭自然會煙消雲散。

因此，即便只是將本會的愛的教義推廣至全世界，人類也會因此變得幸福不少。

# 4 知的原理

## 將知識實際活用於生活，那將轉化為智慧

幸福的原理的第二項目是「知的原理」。

現代是一個偉大的資訊社會，各位的靈魂在歷次輪迴轉生中，沒有一次可以像這次這樣，如此充分地學習，或許沒有任何時代能夠像今世有如此多的學習機會。

書籍被大量出版，學習教材非常盛行，人類的知識水準也達到了最高水準。在此之前，應該沒有哪個時代像現在這樣，出現如

此大量的知識份子跟秀才吧。所以在這層意義上，可以說從古人看來，現代人擁有著像神一般的知識，或者是說，被賦予了擁有神一般的知識的機會。

正因為現今是這般時期，我希望各位能徹底學習真正意義上的真理，於是我特意列舉了知的原理。

知的原理的出發點，當然是「學習佛法真理的知識」，但同時還需要各位不只是將其做為知識來掌握，更是要將如此知識，運用在提升覺悟、傳道、職場、生活當中，在實際體驗之後，將其轉化為智慧。

作為知識，佛法真理可以說是想學多少都無窮無盡。為了能夠讓佛法真理適用於各種各樣的人，我講述了各種各樣的知識。但其中，作為解決各位人生習題的知識，我想仍具有一定的傾向。每個人的習題必定有某些偏重的部分，有的人特別在愛的方面遇到問題，也有的人是在其他方面遇到問題。每個人在解決人生當中的習題時，都會有一定的方向性，而在那當中，就蘊含了必要的真理知識。

重要的是，在實踐的過程當中，要能體會那些知識。親自獲得像是「原來如此，這樣做就可以了啊，這樣疑惑就解開了，煩惱就煙消雲散了，這樣就能解脫了」等等的小小覺悟，也就是獲得「小悟」。小悟是無窮無盡的，每天或一週一次、一個月一次，人總會獲得某些覺悟，重要的是要累積這些覺悟。

就像這樣，請將真理知識、佛法知識作為基礎，活用在自己的生活之中，進而轉化為智慧。

接著，你就能將變成自身智慧的內容，用於引導他人。對於那些因為相同問題而煩惱的人，可以向對方講述覺悟的話語，給予對方一轉語，讓對方得以重新振作。

例如，自己曾因離婚而痛苦不已。對於該如何從跌倒的地方重新爬起，藉著學習真理、累積經驗，以及不斷思考思索之後，終於明白「這樣做就好了」。如此一來，往後若是碰到跟自己有同樣遭遇的人，就可以將經驗與之分享，扶持對方。

再比如說，假設自己曾為事業失敗而吃盡苦頭，但因真理之緣，終於從痛苦中重新站起，下次遇到同樣遭逢事業失敗，而萌生「還是自殺吧」的念頭的人，就能及時阻止他們。

拯救這些人們免於自殺的，並非僅是財務相關的知識。若非「掌握透過實務鍛鍊得來的知識，並同時學習真理，了解靈界的真相、人生的真相」這類的人，是無法拯救那些因事業失敗而尋死的人們的。就連醫生或警察都無法拯救這些人，這最終還是宗教家的使命，因此宗教家必不可少。

即使自己曾經歷某種痛苦，但如果那些體驗能夠在掌握真理知識之上，轉化為自身的光芒，那麼就能以那般智慧的話語引導他人。出於這一層意義，我才會建議人們學習佛法真理。

像這樣把真理知識轉化為智慧是很重要的。

## 對新知識抱持開放態度的宗教

與此同時，我之所以講述「知的原理」，是我想讓人們認識到「幸福科學為了避免變成過時的宗教，我們對知的世界、資訊的世界抱持開放的態度」。

我們的宗教並非是提倡要回歸古代的宗教，而是一個希望亦能幫助未來人們的宗教。因此，我們是一個會持續發展的宗教，在知識上我們也抱持開放的態度。「如果是能夠讓眾生幸福的原理，那麼就必須不斷吸收新的知識和新的技術」，我們就是一個如此開放的宗教。

一些自太古時期流傳下來的根本性的法則，是不容扭曲的。但是，對於為了因應世間的方便而轉變的事物，當出現更加與時俱進的良好觀念、良好資訊或良好知識時，我們當然也會吸收接納。對於這類知的世界，我們也是持敞開的態度。

這就是幸福科學之所以能夠向現代社會發送訊息，又可以對未來發表意見的根據之一，我們絕對沒有主張「回到繩文時代」。

真理是不變的，放到現在依然有效。那至今依然有效的真理，若是換上了新資訊和新知識的外衣，就能發揮新的功效。也就是說，那亦能夠拯救現代人脫離煩惱。

在繩文時代，人們的煩惱可能是「如何順利做出陶器」，但現代的煩惱是更高度化的，所以在現代只靠古代的教義當然是行不通的。

當然，對於自身專業領域以外的問題，我們或許會有力所不及，或是出現無法拯救的部分。但是，我們擁有一個開放的體系，對於新知識，我們會帶著貪欲積極地汲取，並非是一個閉鎖的體系，這也意味著我們並非是帶著邪教氣息的宗教。

本會對於學問、媒體資訊等各種資訊都保持開放性。一般來說，一旦納入那些內容，宗教體系很可能會崩壞，所以其他宗教大多會採取拒絕態度，將其阻絕在外。但本會在某種程度上持開放態度，一方面是因為我們有足夠的信心，另一方面也是因為我們抱持著「萬一自己有錯誤之處，就要予以更正、改變」的心情。

如上所述，作為第一原理，我們擁有宏大法門的愛的原理，接續其後的則是知的原理。

# 5 反省的原理

## 可以修正過去罪惡的反省的力量

第三個是「反省的原理」。

佛教中有八正道，但這或許是較為難以理解的教義。舉再簡單一些的例子，人們可能被教導過道德上的反省。譬如在做了壞事之後，被父母要求「給我好好反省」。

但我希望各位能察覺到「反省這一行為，究竟與何種世界觀連結在一起」。也就是說，我希望人們能夠察覺「在連接靈界和世間的世界裡，反省肩負著一種物理學法則、佛法真理性質的物理學法則的職責」。這即是指，反省將世界做出了區隔。

人活於世間的時候是盲目的，對很多事情皆是不明不白，而這也導致了許多失敗。這一點無論是佛還是菩薩們都很清楚，他們也知道自己若是轉生到世間，同樣也會面臨處處摸索的人生，這點他們非常明白。也正因如此，他們抱持非常深重的慈悲心。

人是會犯下錯誤的存在，也被賦予了犯錯的自由。當然，也因為人可以改正錯誤，所以犯下錯誤也是被神所允許的。人雖然會犯錯誤，但也可以反省，並且正因為可以反省，所以尚有彌補的餘地。

對於已經結束的事、這個世間的事實、與肉體相關的事實，或許已經無法重新來過，但內心方面的事實、內心當中的事實，卻是可以挽救的。那是因為，心的世界貫穿了過去、現在、未來。

對於那些無法挽救的事情，無論再怎麼反省都於事無補。在這世界上，花瓶破了就無法復原，無論怎麼反省都不可能恢復。但如果能在心中深刻反省犯下的罪過，那麼就可以回到過去將其消除。

內心當中的想念帶上，記載了許多以「紅字」標記的惡性事實或心念。但是，對於那些打從出生就一直被記錄下來的各種行為，若是能對照正確的佛法真理並好好反省，「我做錯了，應該要這樣做的。今後我不會再犯同樣的錯誤了，不會再播下邪惡的種子了」並積極改正的話，這個紅字就可能轉變為黑字或金色的文字。

這世間有許多無法挽回的事情，但內心當中的事實卻有辦法加以彌補。正因如此，各位被賦予了「反省」的方法。

即使是過去的事，也可以透過反省加以彌補。只要抱持一顆認真的心進行反省，就能夠將所有紅字，如用橡皮擦或修正液消去一樣抹除，反省被賦予了如此偉大的力量。

因此，即便自己惡行累累，自認為自己是個無可救藥的人，但就在感到「自己已無可救藥」的瞬間，這瞬間就會成為出發點。如果能就此開始反省、修行、改正自身，並反省到足夠充分的程度，過去的罪行就會一筆勾銷。

我在《大悟之法》第一章的「敵人就在己心」當中，講述了一個名為央掘摩羅的惡賊的故事。

在印度，有一個作為釋迦教團的兩大據點之一的祇園精舍的遺址，離那不遠處的約一、兩公里左右的地方，就是央掘摩羅的大墳塚。這個墳塚比其他佛弟子們的墳塚都大，即便是十大弟子的墳塚也都沒有那麼大，那同時也是祇園精舍周邊最大的一座墳塚。

據傳央掘摩羅是「殺了百人」，甚至「殺了千人」的傳說中的殺人魔。這樣一個殺人魔，後來幡然悔悟加入了釋迦教團，在托缽中被人們投擲石塊，也仍堅持累積修行。

像這樣一個罪孽深重的人，做出了自我悔改並努力成為光明菩薩，我想人們對他如此歷盡艱辛努力的姿態，也深受感動。也正因如此，他才得以被安葬在那般巨大的墳塚中，直到二千五百年後的今天，依然受到人們的祭祀。

「遠離邪惡，洗心革面，這其中蘊藏著巨大的拯救力量」，想必人們對此也認同吧。

清廉、正派、傑出、毫無瑕疵的人，或許也能拯救眾生。但是即便犯下了滔天大罪，卻能對此反省、孜孜不倦地努力精進，讓自己重新站起來的人，也擁有引導眾人的力量。

佛教是認同這一點的。佛教講的並不是「只要犯下一點錯誤，就無藥可救了」，佛教教導人們的是「只要回心懺悔，步上覺悟之路，比起從未犯過罪的人，有時可能獲得更大的力量、綻放出更明亮的引導之光」。

我希望各位明白這般反省的力量。

當然，這後面還有所謂的祈禱，有對未來的祈禱，也有為了改變自身未來的正確的祈禱。

## 體驗惡靈脫離後的爽快感

對於「透過反省能湧現何種力量」，如此心的神祕力量，希望各位親自實踐體驗一番。

屆時就會有人體會到，多年依附在自己身上的惡靈，瞬間剝離而去的感受。

因為惡靈是靈體，所以可能會讓人以為沒有重量，但是惡靈還是很沉重的。雖說靈體沒有實際重量，但靈性感覺上卻是沉重的。

惡靈可能在自己身上依附五年、十年，甚至二十年，其中有些是承繼自父母，從自己年幼時代就開始背負著惡靈。

一直以來附身在自己身上的東西，可以透過反省來祛除。當祛除後，肩膀、腰部和後背，都會忽然輕鬆起來。一下子「咻～」地輕鬆起來之後，就會感覺到把重擔給卸下來了。當惡靈離去後，會感到身體真的變輕鬆，雙頰紅潤，溫暖的光芒照進胸膛。希望各位能夠體會這種感覺，這是各位也能夠體會到的靈性體驗。

那些不斷地煩惱再煩惱、痛苦再痛苦，終於尋覓到真理的人們，或許正體驗著惡靈的憑依現象，在那種情況下，大多都是被惡靈附身著，否則人們也不會那麼痛苦。現階段會那麼痛苦，就表示有東西附身，使此人夜夜不得安寧。那是一種努力想將此人拉往地獄，並為此人發狂感到開心，帶著邪心的存在。

祛除惡靈後的爽快感，是一種剛泡完澡、全身輕爽的感覺。一種雙頰泛紅，心臟釋然，全身輕盈的感覺，希望各位能體會如此感受。那就宛如十年沒洗過澡的人，在泡完澡、洗去滿身污垢之後的暖和感受。這是一種無害的靈性體驗，若是可能，希望各位能體會如此感受。

那種感受既可能出現在反省的過程中，也可能出現在閱讀我的書籍的時候。又或者是在幸福科學的支部或精舍中進行修法、禪定、瞑想、祈願的時候，會突然覺得惡靈「啪」地就剝離而去，頓時感到身體一陣輕鬆。

雖不知那會發生在哪個時間點，但只要持續在幸福科學中活動，那般機會必會到來。我是在對此有著充分理解的基礎上，架構了各種法體系，制定了各種修法，並對講師進行指導。也就是說，我明白現實中一定會出現那種情況，所以才進行著各種指導。轉機必定會在某時出現，人生就此改變。

當被惡靈憑依的時候，首先必須要將其祛除才行。如果不加以祛除，那麼即使守護靈想向此人傳遞訊息，此人的耳朵也會被堵住，根本聽不見守護靈的意見。

當此人經他人傳道、閱讀了真理書籍，試著前往幸福科學的支部、本部或精舍等場所的時候，卻怎麼樣都無法進入建築物當中，或是因為發生各種狀況而無法順利前往。譬如，此人的家人發生了事故，要不就是遭到家人反對，或是明明已經來到附近卻折返回去。信眾當中應該有很多人，都曾經有過如此經歷。

那是因為附身的惡靈知道，如果此人進到了幸福科學的大門就完蛋了，於是想方設法阻止此人進到那扇門。一旦此人信奉了幸福科學的教義，那個惡靈至今的罪行將暴露無遺，再也無法依附於此人身上。

特別是在家中安置了「家庭本尊」之後，惡靈會感到每天都被緊盯著。如果此人每天都在家庭本尊面前讀誦《佛說　正心法語》，那麼惡靈便會感覺自己被說教，難以忍受。惡靈會想著「這個人是不是打算永遠這樣持續下去？打算到死之前都一直讀誦嗎？這樣的話，我就該離開了」。

從這層意義來說，宗教修行的習慣化非常重要，僅是偶爾為之是不行的。

假如此人能在每日早晚，於本尊面前誦讀《佛說　正心法語》，並進行反省、祈禱的話，那麼此人就會散發出光芒，這對惡靈來說相當難受。這就相當於如果每天都得面對他人的說教，最終勢必會離開。惡靈會在某個機緣下「啪」地剝離。雖然是一點一點地慢慢剝離，但終有一個時間點，會「啪」地完全脫離，到達一個惡靈再也不會回來的狀態。

最初，惡靈會附身之後又離開，離開之後又回來，進行各種搗亂、騷擾。

譬如，在一個家庭裡，先生是信徒，但妻子反對先生的信仰，那麼原本附身在先生身上的惡靈會轉移到妻子身上，拚死命地反對先生投入信仰。此人會要求先生「不要再去支部參加活動了」、「星期天把院子裡的雜草除一除」，用盡各種方法阻止先生。這種情況一開始會經常發生，各位可以將其理解為是惡靈從先生身上轉移到妻子身上。

但是，在這一過程中，惡靈也會漸漸變弱。如果先生先祛除了自己身上的惡靈，接著應該慢慢地向妻子或孩子傳道，強化光的磁場。如此一來，惡靈就再也待不下去了。

這是肉眼所看不見的工作，但我日復一日、一年到頭地忙於如此工作。一年三百六十五天，我從未休息，從年頭到年尾，我一直發散著光芒。佛的世界是全年無休，沒有休息的一天，時刻處於戰鬥狀態。

因此，請各位相信這一點。如果是相信的人，光明就會出現，並與惡靈戰鬥。

其實，惡靈也是很可憐的存在。他們原本也是人。首先，應該勸他們不要再犯下惡業，並進行反省。接著，希望各位能夠針對自己進行反省，並且惡靈看到透過反省而散發光輝的人的樣子後，也能進行自我反省。我希望是透過如此順序，讓惡靈脫離。

## 6 發展的原理

### 獲得「貫穿世間和來世的幸福」

第四個是「發展的原理」。

我講述了如此符合現代社會的教義。

以佛教的話來說，便是建設佛國土、建設佛國土烏托邦。

用世俗的話來說，是希望學習真理的人們能夠成功，如此一來影響力才會擴大。我希望學習真理的人們不要變成守財奴，不要像是著了魔一樣一味只想出人頭地，不要對職位有所執著，而是掌握走在正道上的成功，提升對周遭人群的影響力。

並且，我希望各位能將「貫穿世間和來世的幸福」緊握於手中。

幸福科學充分地講述了靈界的內容，所以本會的信徒應該不會只追求這一世的成功。

此外，我也沒有講述過「今世雖然不幸，但回到來世就會幸福」的教義。我從未說過「今世就儘管不幸吧。大家都被判死刑、被殺害吧」的這種話。有一些宗教講著這種話，但是我對於各位在今世能否變得幸福也抱持著責任感。我終究希望人們能盡可能地避免播下新的不幸種子，並且盡可能地在今世也能變得幸福。

只要今世獲得的幸福，不是建立於犧牲他人的幸福之上，那麼就能導向來世的幸福。但如果幸福是靠著踩著他人所得來的，那麼這個幸福就無法導向來世了。

讓他人幸福的同時，也能讓自己幸福的話，那就完全沒有置喙的餘地。在今世，請獲得如此意義上的幸福，並將這種幸福帶往來世，這就是我所期望的。

因此，我希望在家信眾們於今生的工作中，在不產生執著或折磨他人的情況下，實現發展和繁榮，並將此再轉化為傳道的新力量。

此外，對於出家者們，我希望各位也能充分體驗自己身為靈魂有所成長的感覺，充分體會靈魂的成長和成功感。

## 如果世間變成了佛國土，地獄將會縮小

並且，我希望讓這個世間變成佛國土。

如果這個世間變成了佛國土，那就意味著地獄的縮小。即便一直試圖消滅地獄本身，但那卻遲遲難以實現，所以必須先斷絕地獄靈的供給源，也就是要讓這個世間變成佛國土。如此一來，地獄靈的供給就會停止。並且，身處地獄之中的人們開始反省，慢慢依序脫離地獄，地獄靈的數量便會減少。

因此，首先必須斷絕來自世間的供給源，假如有源源不絕的新的供給源，那麼再怎麼努力拯救，依舊無法阻止地獄靈增加的情勢。所以，終究還是必須讓這個世間成為佛國土。

如果可能的話，我想讓這個社會變成「更多的人學習真理、探究正心，所有人一起追求幸福的原理」的社會。

# 7「愛」和「覺悟」以及「烏托邦建設」

「探究正心」，以及將其具體化，作為「幸福的原理」的四正道，就是幸福科學的基本教義。

並且，逐一細看我講述的教義就會發現，我主要以「愛」、「覺悟」、「烏托邦建設」三大項為主題，講述了各種各樣的教義。我讓人們能以「愛」、「覺悟」、「烏托邦建設」這三者為核心進行學習，並講述了各種內容。

我提到了眾多關於愛的教義，如果著重於愛的內容，能吸引基督教系統的人。我也提到了追求覺悟的方法，只要講述覺悟的內容，即能吸引佛教系統的人。此外，如果著重於講述建設烏托邦，那麼生活在現代商業世界中的人們、想促進家庭發展的人們、希望在現代社會中變得幸福的人們，都會前來學習智慧。

我希望幸福科學的思想能夠時刻保持新穎，並且還能夠包容古今未來等一切事物，取得勝利。

我盼望本章能夠成為符合時下的幸福科學入門的內容。

# 第5章

# 相信太陽的時代的到來

——邁向《太陽之法》所引導的未來社會

# 1 太陽的時代

我的著作《太陽之法》，是一本揭示了幸福科學成立以來作為主導性原理的書籍。我認為在草創期所寫下的這一本書籍，已經指明了幸福科學的輪廓、高度、方向。

我希望更多的人們能認識本會的基本書中的基本書《太陽之法》，並能細細品味當中內容。並且，無論是現在活於世上的人們，還是將來出生的人們，都能將此作為今後時代的聖典不斷傳承下去。

當《太陽之法》當中講述的佛法真理，以及《太陽之法》當中的價值觀廣布於世，成為世間具主導性的價值觀時，我想稱如此未來社會為「太陽的時代」。

雖然形式有所不同，但如此《太陽之法》在遙遠的往昔，於南太平洋繁盛過的穆帝國，也曾被講述過。

# 2 打造以信仰為脊梁的世界

## 創造宇宙的「根本佛」的目光

那麼，將偉大的太陽視為象徵的法，究竟是什麼樣的法？要如太陽一樣照亮人類的法，其價值基準究竟為何？對此可以總結出幾點。

首先最重要的是，希望打造一個以信仰為脊梁的國家和世界。

現代世界是物質文明非常發達的時代，是極其便利的時代。我絲毫沒有想要否定這種便利，也沒有要勸人們「回到原始時代吧」

的念頭。然而，在如此便利的物質文明中，有一個人們絕不能遺忘的價值，那就是信仰。

當人們遺忘了如此宇宙的根本原理，活於枝微末節之中時，就會迷失方向、犯下錯誤。如果只有一、兩個人犯錯，尚可以饒恕，但若是眾多人們都偏向至錯誤方向時，就會招致巨大的反作用力。為了避免讓幾億、幾十億的人們在巨大的潮流中犯下錯誤，不可或缺且根本性的東西即是信仰。

這個宇宙是無論朝哪裡望去，在那真空當中，只能望見如小小點一般群星閃耀的世界。但是，那也並非是完全沒有生物的世界，在這宇宙中有活著的生物，也有以慈愛之眼眺望著他們的偉大存在。

這就如《太陽之法》當中所描述的宇宙創世的歷史一樣。

首先，出現了意念，那一股「萬物存在吧」的意念。因此，並非是在沒有那股意念的前提之下，就發生了僅是物質層面的宇宙大爆炸。當然，以爆炸結果來說，我們可以對其化學反應進行各種說明，但是，首先出現的是意念。藉由這股意念，如此現象世界才得以出現。當意念集中於一點時，就形成了物質、物體，並顯現於這個三次元世界之中。

就如同沒有父母就沒有孩子一樣，沒有了意念就不會有宇宙。宇宙之所以被創造，是因為存在著一股想要孕育持續進化之生命的意念。這份如父母一樣的意念，可以稱之為「根本佛的意念」。

那是從遙不可及、極為遙遠的世界投射而來的目光。從那道目光來看，世間之人認為廣大無邊的三次元宇宙，也不過像是一滴小之又小的水珠。那一道目光，就是如此看著世間。

請相信這一點，並且也請還要相信「根本佛為了傳達自己的意念，創造了眾多的光明指導靈和天使們，以此對以人為首的各種生物，持續進行各種指導」。為了避免各位走上錯誤的方向，那是絕對必要的。

## 靈界和世間相互影響

無論科學技術如何發達，總有無法超越的一條線，那就是「無法改變創造宇宙的法則本身」。無論人類發明了什麼、做了何種努力，都不可能扭曲法則本身，因為這個法則源自於根本意念。

這並非單純指三次元空間的物理法則。人類生存也有其法則，該法則就是「人類不單單是抱持肉體而活，而是將這超越三次元的世界視為本來的居所，人為了進行靈魂修行，才出生於這個世界」。

不只是人類，動物和植物也是如此。在遠離於這世界的天上界，同樣有繁花盛開，青草氤氳。那裡有著許久之前在這世間大地綻放過，但現今已消失的花朵。現在已經滅絕的動物們，也依然存在於遠離這世間的那個世界。那個世界才是本來的世界。

這是不可撼動的法則。從世俗依據來考量，或以科學技術萬能的觀點來思考時，乍看令人難以理解，學校也絕不會教導這些吧。

不過不能因為不知道，就斷定這些根本「不存在」。存在的東西就是存在，它儼然地存在於世。

各位不可忘記，自己是生活在如此雙重構造的世界中。並且，靈界和這個世界並非完全獨立，二者是相互重合的世界、相互影響著。

最近，有些人透過醫學上的瀕死體驗，參與了「那個世界是否存在」的討論。並且當中有人認為「瀕死體驗中出現的世界，要不就是花草盛開的世界，要不就總是如古代風貌的世界。所以，這只是大腦中的某種物質出現了反應，導致人們看到了那些情景而已。如果那個世界真的存在的話，人們看到的就不會是那麼久遠以前的樣子。我沒聽過有瀕死體驗的人說靈界像現代的世界，所以靈界根本就不存在吧」。

但那是錯誤的，靈界與世間一樣同時在發生變化。如果某位現代人過世了，那麼靈界就會出現跟此人活著時同樣的生活環境。在現代見過靈界的人，他們所見的並不是幾百年前或一千數百年前瀕死體驗報告中，所描述的古代世界。現今，靈界也變得極為現代化，無論是天國或地獄都在改變，更出現了城市。

存在於世間的東西，幾乎都會以相似的形態，於意念的世界中成為現實。當很多人都希望擁有某樣東西時，那樣東西就會出現，這就是靈界世界。

如果許多人一同想著「好想要有交通工具」，那麼交通工具就會真的出現，電車或是飛機都有可能出現。雖然，實際上靈界並不真正存在著金屬，但那些交通工具卻會如實出現。當許多人盼望出現遊樂園時，那麼現代最豪華的主題公園或漂亮的公園也會隨之出現。那並非呈現如古代的樣貌，而是會出現與當今世界極為相似的場景。

有些人會認為「在瀕死體驗中，人一定都是回到古代，出現在眼前的總是久遠以前的世界，所以根本不相信靈界的存在」。但事實並非如此，現今已開始演變出了現代化的靈界，且與今世幾乎沒有時間差。

有些人所處的靈界，其時間就停留於古代。但針對現代人，會以現代人可理解的方式進行指導。所以做為方便法，現代化的生活也已經展開。

靈界既有學校，也有醫院，就如同這個世界一樣。也有許多人在那類地方工作，其內容也日新月異、不斷地進步。以前的靈界學校並沒有外國人，但現在的靈界學校裡，也有許多外國人來學習。

如上所述，靈界也跟世間一樣不停地在變化。

各位身處在如此廣大無垠的世界當中，並活於悠長的輪迴轉生之中。

因此，各位不能以「世間數十載的人生」的如此有限尺度，去衡量時間和空間，請擴大你的視野。要相信創造了包括靈界在內的大宇宙之根本存在，並且要相信那些化身為代理人對眾生進行著指導的人們。要先將如此信仰作為基礎，這是我想傳達的。

今後我們必須要竭盡所有氣力，將如此想法弘揚出去，當然，是要弘揚至全世界。

但是，尤其是在日本這個國家，唯物論勢力十分興盛，當人們聽到「靈界」或「信仰」等詞彙時，有六、七成的人都會加以嘲笑，這就是現狀。我們必須要跟這些無知的勢力戰鬥。

這並不是為戰而戰，而是為愛而戰、為真相而戰。因為有太多不知真相而走上錯誤的人生，其後卻以幾倍、幾十倍的時間持續受苦的人們。有一個道理適用於任何事情，就是「越早知道，就能越少犯錯」。

# 3 活於愛之中

## 為了變幸福的「觀念的轉變」

說到太陽的時代的應有之姿，首先，要擁有「信仰」，接著是活於「愛」之中。我們必須創造一個充滿愛的世界，這並不只是二千年前的耶穌時代所被講述的理想。

從根本上來說，被尊為佛或神的偉大存在，他們所擁有的是愛或慈悲之心。那顆愛心勉勵、指引著人們。因此，身為佛子的人類也必須活於愛和慈悲之中。

然而，在此容易發生誤解，那就是人們往往把所謂的愛，想像成眾多小說中所描寫的那樣，是一種要奪取的事物，即「奪愛」。人們把愛理解成「如果能從別人那裡獲得、奪取，就能變得幸福，但若無法得到，那就會變得不幸」，很多人只想著「如何被他人所愛？怎麼樣才能讓自己獲得？怎麼做才能讓別人為我做些什麼呢？」。

於是，世上充斥著只想著要獲取的人們，沒有人想要付出，就是這麼一個世界。明明只要互相幫助，所有人都可以變得幸福，但卻總是因為你爭我奪，使得沒人品嘗到幸福的滋味，這是一個讓人感到遺憾的世界。然而，人們只要轉變觀念、轉變想法，就能變得幸福。

## 活於愛之中，就是身為佛子的證明

愛並非是從他人身上奪取，而是要給予他人。其根本原因是，人本來就是佛子、神子，佛和神活於愛和慈悲之中。因此，「活於愛之中」，即是身為佛子和神子的證明。那是一個徹底付出的世界，就如太陽一般，分文不取，只是付出。

在自己的一生中，請不斷地為他人著想，並時刻為他人付出。不要去想「他人會為自己做些什麼」，而是在心中描繪「自己能為他人做些什麼」。如此一來，地上天國就會隨之出現。

愛之中存在著許多深奧的理論，但是，最簡單的事情就是最重要的事情。

「奪愛」只是佛教所說的「執著」，那僅是執著，不應是如此。

各位不可「奪愛」，而要「施愛」，想想「自己曾如何對他人施愛」。不要考慮「自己是如何地不被他人所愛」，而是要去思考「自己這一路來是用什麼樣的方式去愛別人的，或者，將來自己要如何地去愛人」。

那會成為即將到來的烏托邦的原動力。

# 4 提升覺悟

## 心才是靈魂的本質

方才講述了關於「愛」這個基本原理，但還有一項，我希望各位務必瞭解，那就是「覺悟」。

說到覺悟，或許有人會被這種帶有佛教色彩的用詞所侷限，以為是「宗教當中的一種思考方式」。但是，覺悟終究是非常重要的。

簡單來說，覺悟就是指「人並非是單純的肉體，還具有宿於肉體並支配肉體的靈魂和心」。

有些人將佛教理解為無神論、唯物論或無靈魂論，但這些人應該不至於會認為「佛教講述著人沒有心」吧。即使是那些聲稱「佛教是一種無我論，因為佛教講述無我，所以主張無靈魂」的人，也不會斷言「人沒有心」吧。事實上，心的部分才是靈魂的本質。

能帶回來世的唯有心。正因人們認為靈魂是已固體化的三次元物質，才會出現錯誤。事實是，你可以自由地進行各種思考吧。唯有你的思想，會化作你的姿態，繼續存在於來世。唯有你那思考之姿和思考的機能，能帶往來世。

靈魂在靈界若是還留有身而為人的記憶，就能保持人的姿態。但隨著人的記憶逐漸消退，就會不再維持人形，而是僅作為想法、意念而存在。

人如果是像上了發條的玩具一樣，就會什麼都無法思考，只能按照原先設定的模式動作，但實際上並非如此。人可以進行各種各樣的思考，可以做任何選擇，可以決定自己的想法。在心念上，人是自由自在的。那股能自由自在地轉換想法、決定想法的力量，就是人的本質。

如此本質在肉體消滅後，仍可以存續於靈界。也就是說，觀念或意念是會遺留下來的。

如果用「靈魂」這一說法，現代之中有些人無法接受。但是，過去幾百年前、幾千年前亡故的人們，他們伴隨著偉大行為的那般意念，依然存續於偉大的大靈界之中。做出崇高行為的人們，其靈魂的光輝和意念，如今依然存在，並繼續影響著許多人。

例如，耶穌・基督度過了三十三年的人生。他的活動並非是在失去肉體的那一刻就終止，他的思想至今仍然持續地在活動著。

釋尊在兩千五百年前身故。就現代日本人看來，釋尊是繩文時代的人，可能會有人心想「一個繩文時代的人，到底能說出些什麼內容呢？」。然而，釋尊的慈悲與覺悟之心仍遺留至今。

那就是靈界的神祕。

如上所述，重要的是明白人是靈性存在，心才是自己，且並非是那顆迷茫的心，而是要將那本質的心視為自己。各位需要進行如此自身認識的轉換，從不同的視角看待自己才行。

## 提升覺悟也是在設計一個更美好的未來

就如我在各種教義當中提過的，各位必須要在「如何向佛靠近」這件事上努力、修行，使心越具高度與純度，綻放更耀眼的光芒。

並且，現在你雖然是活於世間之人，但你的心境的高度，和你死後前往的靈魂世界的高度會完全一模一樣。在世間擁有菩薩心境的人，死後前往的世界就是菩薩的世界，而非其他世界。

前往天國或是前往地獄，並非是死後才會明白，而是活在世間的時候就能知道。

各位每天都在想著什麼？或者說，在這一年、十年，各位一直持續想著什麼呢？看各位思考內容的程度，就可以知道各位是住在何種世界，以及知道各位原本是住在何種世界。

因此，「提升覺悟」本身意味著設計一個更美好的未來。這既是決定今後自己的人生，也是覺悟於自己本來的使命，這是非常重要的。

「施愛」這實踐的原理，以及「瞭解自身，知曉並提高自身的本質」這一向上的原理，請各位務必要加以實踐。

# 5 將地上界變成烏托邦

## 佛的偉大計畫

人類必須抱持「愛」和「覺悟」這二個強大的武器，讓這地上世界變成烏托邦，並且那並非物質上的烏托邦。

我絕對沒有想要否定這個世間的便利性，也沒有否定食物、服飾、房屋等事物。我充分理解這些東西也有助於增加人們的幸福感。但是，不能搞錯主從關係。不可忘記「人是為了心的修行而活於世間」的這個主體。為了方便進行心的修行，才會有各種世間文明的恩惠，如此主從關係切勿搞錯。

歸根究底，無論身處於何種生活形態、社會形態，建設讓人們都能活於追求愛與覺悟的心的社會才重要。

我們所追求的烏托邦，未必是肉眼可見的烏托邦。並不是說「有這樣的建築物、這樣的道路，在如此政治理念和經濟理念下，以這樣的形態生活，才稱得上是烏托邦」，那些都是會變化的。

重要的是，人們雖身處於各種變化之中，依舊能明白不變的方向性，明白應努力的方向及應有的高度，並且讓這個地上世界能夠往菩薩或如來的世界、天使的世界更靠進一步。正是為了進行如此修行，才有這麼多人在長久歲月中於世間進行靈魂修行。

這就是佛的偉大計畫。

## 正是為了拯救眾生，才進行著傳道活動

單純以學校或實際社會中學到的知識來看，或許會認為上述內容荒誕無稽。但是，當人們離開這個世間，踏上前往來世的旅途時，所有人一個不留地都會明白，那是百分之百的真相。

或許有些人會說「那是死後才能明白的事，到時候再知道不也來得及嗎？」，但是，對各位每個人或是他人來說，儘早知道都是一件好事。

我想幫助共同活在這世間的人們，免於在地獄這一黑暗世界中苦苦掙扎幾百年。明明生活在同一世界，共享同樣的資訊，但不知為何卻總會有人犯錯。有人儼然度過著錯誤的人生，對此，我們必

須教導、幫助他們。這雖然亦是靈界的天使的工作，但終究在世之時必須要給予教導。

打造烏托邦的巨大原動力，同時也是傳道之力。傳道就是愛，這一點絕不可忘記。正是為了拯救眾多人們，我們必須要推動傳道活動。

從這層意義來說，我們必須向更多人傳遞真理，盡可能讓更多人成為我們的夥伴。

相信之人的力量仍顯薄弱，等到越來越多的人選擇相信，在超越某一水準的那一瞬間，幾乎所有人就會認為至今我所述說的內容就是真理了。

我盼望著那一天能早日到來的同時，也祈禱《太陽之法》這一本書，能夠盡可能地多送到一個人的手中，並成為尚未接觸到真理的人們的引導，讓他們看到眼前的真實世界並恍然大悟，進而度過作為佛子的嶄新人生。

# 後記

讀完本書後，各位有何感想呢？

至今，我從各個角度述說佛法真理，但是試著從正面講述幸福科學入門內容的基本法，本書應為第一本吧。

我今後打算繼續寫法系列的作品。事實上，依筆者現階段的預測，最初的折返點就會是這本第八卷書籍。我希望在此重新整理與再構築我的基本思路，這正是我的真正目的。

但我也覺得，這本書本身就有拯救眾多人心的力量。

兩千五百年前，印度的喬答摩・悉達多，釋尊所講述的八正道，對於現代人而言是晦澀難懂，且遙不可及的另一個世界的事情。

因此，我探索出了一條適合現代人且淺顯易懂的新的道路。並且，向世人講述了由四大支柱組成的現代四正道，即「幸福的原理」。第一原理「愛的原理」、第二原理「知的原理」、第三原理「反省的原理」、第四原理「發展的原理」，我向世人揭示了如此嶄新的架構。

或許只要掌握了這四大支柱、四個原理，各位無論是今世的未來還是來世的未來，都將會充分地發光閃耀。

「愛」這一字本身雖然簡單，但我感覺要把本來意義上的

「愛」，即佛陀所說的「慈悲」意義的「愛」於現代再度還原，難度相當大。

此外，在資訊社會無止盡發展的現代，作為宗教，我們刻意講述著「知的原理」。這當中當然包含了我本來所祈望的「佛法真理」的意涵。但除此之外，所謂一般知識世界的原理，也包括在射程之中，且這亦是展望了無限擴展的學問世界、資訊世界的一個原理。希望人們能認清如此教義的現代性。

「反省的原理」是回歸「佛教和基督教究竟教導著什麼」之宗教的根本原理的教義。對於想學習更多深奧知識的人們，我推薦可以再閱讀其他書籍，或到幸福科學參加研修。

「發展的原理」當中的現代性和未來性，讓人們驚訝於「這是宗教的內容啊」。可以說，這正是本會的一個特徵。而且，我們不只是將其作為未來原理，從希臘精神反推回來，講述人類應步上的建設烏托邦之道的內容，正是發展的原理。透過講述發展的原理，指明了「現在難以為繼的佛教、基督教和伊斯蘭教等宗教在未來的應有之姿」。

此次這本基本書當中的基本書得以付梓發行，我感覺鬆了一口氣。盼望此書內容能廣為眾人學習。

作為法系列的第九本，我計畫下一本將發行《神祕之法》，我想向人們傳達那個無限神祕的靈性世界的真相。若能等待一年左右，我應該能夠呼應人們的期待。

二〇〇三年　十二月

幸福科學集團創立者兼總裁　大川隆法

◆◆◆ 大川隆法「法系列」．**最新作品** ◆◆◆

# 地獄之法

## 決定你死後去處的「心之善惡」

地獄之法

法系列
第 29 卷

定價380元

無論時代如何發展、科學如何進步，死後的世界依然存在。人之所以生於世間的源由？何種人生態度或心境，區分了死後會前往天國還是地獄？這是一本換了一個型態的「救世之法」，寫給正逐漸喪失信仰心、宗教、道德心的現代社會。

第一章　地獄入門——希望現代人切身瞭解地獄的存在
第二章　地獄之法——死後，等待著你的「閻羅王」的裁罰
第三章　詛咒與憑依——為了不墮入地獄的「己心的控制」
第四章　與惡魔的對戰——惡魔的實態及其手法
第五章　來自救世主的話語——為了拯救地球的危機

◆◆◆ 大川隆法「法系列」◆◆◆

# 太陽之法
## 邁向愛爾康大靈之路

太陽之法

法系列
第**1**卷

定價400元

### 基本三法的第一本

本書明快地述說了創世紀、愛的階段、覺悟的進程、文明的流轉，並揭示了主・愛爾康大靈的真實使命，同時也是佛法真理的基本書。《太陽之法》目前已有23種語言的版本，更是全球累計銷售突破1000萬本的暢銷作品。

◆◆◆ 大川隆法「法系列」◆◆◆

# 永遠之法

## 愛爾康大靈的世界觀

永遠之法

法系列
第 3 卷

定價400元

人從何處而來，又往何處去？
為大眾揭開「靈界」的神秘面紗……
本書帶您一覽各次元世界的樣貌，了解永恆生命的真相，認知真正的人生觀！

## 大川隆法描繪的小說世界・新感覺之靈性小說

《小說 十字架の女》是宗教家・大川隆法先生全新創作的系列小說。謎樣的連續殺人事件、混亂困惑的世界、嶄新的未來、以及那跨越遙遠時空——。

描繪一名「聖女」多舛的運命，新感覺之靈性小說。

### 小說 十字架の女①〈神祕編〉

神祕的連續殺人事件
與美麗的聖女
女子所背負的，
是「光」、
抑或「闇」——。

### 小說 十字架の女②〈復活編〉

小說
十字架の女
〈復活編〉
②
擔負著高貴使命的聖女。等待著她的命運，是「希望」、還是「絕望」——。
大川隆法
Ryuho Okawa

### 小說 十字架の女③〈宇宙編〉

# 小說　地球萬花筒

小說　地球萬花筒

定價360元

**天國、地獄、妖怪、外星人……**
**引人進入如萬花筒般變化的「神祕世界」的10個故事**
**喚醒現代人正視已遺忘的「眼所不見的世界」全新創作的小說**

在這世上生活着，一個看不見的世界，如果我們可以交流，會看到什麼呢？世界與天國地獄的關係、真實的靈體驗和幽體脫離、真實存在的妖怪諸相、與外星人的接觸……

偏離正道
某一天的閻魔大王
某天早上，妻子變成了美麗女星……
對靈界的覺醒
與外星人的近距離接觸
女人心與男人心
妖怪考
山姥考
外星人雅伊多隆
草津的赤鬼先生

# 小說　動搖

小說　動搖

定價360元

又開始了。

總是在凌晨三點鐘。

我有時感覺，自己是自己，自己又不是自己。如墜夢境。在夢裡，萬事萬物都是自由的，夢是創造性的寶庫。

一切從輕微的顫動開始。我的雙腿開始打顫，接著，伸出被子的右臂或左臂開始打顫，手指不由自主地握拳，再張開。……

在本書的故事背景當中，隱藏著眾多真相。

故事內容是，學園「UMA 研究會」的男、女學生們以及老師們，為了保護學園而開始著手展開的研究，既為解開 ParallelWorld（平行宇宙）、Multiverse（多重宇宙）做出了貢獻，也解除了日本的危機和人類的危機。

故事中加入 SF、恐怖色彩和超能力元素，希望讀者能從中學習到友情與齊心協力的力量有多麼重要。並且，我希望各位對未知的事物不要只感到恐懼，而是要成為一個勇於與之抗衡、解決難題的人，這也是創作者的初衷。

你的人生觀，是否因為讀了本書而「動搖」了呢？

## 重生
### 從平凡出發

祈念本書能成為——追求覺悟之青年、後進的年輕世代，其人生的指標！
本書以半自傳方式回顧大川隆法先生的學習經歷，並闡明自身想法的淵源，以及描述創建「幸福科學」的歷程，以進一步將真理弘揚世界各地。書中，超越時空的智慧將給予讀者無限啟發，並協助讀者們找尋自身的人生使命。

第一章　從平凡出發
第二章　獨立的精神
第三章　多樣的價值觀
第四章　未知的佛神
第五章　存在與時間
第六章　達到非凡的愛的高度
第七章　信仰的勝利

定價380元

重生

---

## 以愛跨越憎恨
### 推動中國民主化之<br>日本與台灣的使命

這不僅是一本精闢剖析共產主義、極權主義的現代政治啟蒙書，更是為了遏止第三次世界大戰在亞太地區爆發，身為亞洲人必讀的一本書！

第一章　以愛跨越憎恨
第二章　「人類的幸福」與「國家」
　　　　—提問與回答—
第三章　「自由、民主、信仰」將拯救世
　　　　界—「毛澤東的靈言」講義—
第四章　答覆加拿大民運人士的提問

定價350元

以愛跨越憎恨

## 佛陀再誕

### 留給緣生弟子們的訊息

定價420元

佛陀再誕

優曇花三千年僅綻放一次，同一時代只有一位佛陀降臨世間。是時候了！齊聚於再誕的佛陀身旁，聆聽佛陀的金口直言，拯救現代的社會！這是佛陀再臨，給予摯愛的弟子們的話語。用詞簡單、詩句形式包含智慧話語。翻閱本書，靈魂將不再飢渴，也將喚醒你選擇於與佛陀同一時代生而為人的原由。聆聽永恆導師的話語，喚醒你的使命！

第一章　我再誕
第二章　叡智之言
第三章　勿做愚氓
第四章　政治和經濟
第五章　忍耐和成功
第六章　何謂輪迴轉生
第七章　信仰與建設佛國之路

---

## 不動心

### 跨越人生苦難的方法

定價360元

不動心

這是一本教導人們如何獲得真正的自信、構築偉大人格的指引書。積蓄的原理、與苦惱的對決法等，訴說著讓人生得著安定感的體悟心語。

第一章　人生的冰山
第二章　積蓄的原理
第三章　與苦惱的對決
第四章　惡靈諸相
第五章　與惡靈的對決
第六章　不動心

## 永恆生命的世界

### 死亡後的真實樣貌

死亡並非是永遠的別離，
死亡是人結束了地上界的旅程，
回到本來的世界……

第一章　死亡之下，人人平等
第二章　人死之後，靈魂何去何從？
　　　　（提問與回答）
第三章　腦死與器官移植的問題點
第四章　供養祖先的靈性真相
第五章　永恆生命的世界

永恆生命的世界

定價380元

---

## 靈界散步

### 步向光彩絢麗的新世界

人的一生，都將面對終末之時，當靈魂離開肉體之際，即將展開的是，前往靈界的旅程……

第一章　靈界的啟程
第二章　死後的生活
第三章　不可思議的靈界
　　　　（質疑之問與答）
第四章　最新靈界情況

靈界散步

定價380元

HAPPY SCIENCE

# 幸福科學集團介紹

幸福科學透過宗教、教育、政治、出版等活動，以實現地球烏托邦為目標。

## 幸福科學

一九八六年立宗。信仰的對象為地球靈團至高神「愛爾康大靈」。幸福科學信徒廣布於全世界一百六十九個國家以上，為實現「拯救全人類」之尊貴使命，實踐著「愛」、「覺悟」、「建設烏托邦」之教義，奮力傳道。

（二〇二三年一月）

### 愛

幸福科學所稱之「愛」是指「施愛」。這與佛教的慈悲、佈施的精神相同。信眾透過傳遞佛法真理，為了讓更多的人們能度過幸福人生，努力推動著各種傳道活動。

### 覺悟

所謂「覺悟」，即是知道自己是佛子。藉由學習佛法真理、精神統一、磨練己心，在獲得智慧解決煩惱的同時，以達到天使、菩薩的境界為目標，齊備能拯救更多人們的力量。

### 建設烏托邦

我們人類帶著於世間建設理想世界之尊貴使命，而轉生於世間。為了止惡揚善，信眾積極參與著各種弘法活動。

# 入會介紹

**在幸福科學當中，以大川隆法總裁所述說之佛法真理為基礎，學習並實踐著「如何才能變得幸福、如何才能讓他人幸福」。**

**想試著學習佛法真理的朋友**

若是相信並想要學習大川隆法總裁的教義之人，皆可成為幸福科學的會員。入會者可領受《入會版「正心法語」》。

**想要加深信仰的朋友**

想要做為佛弟子加深信仰之人，可在幸福科學各地支部接受皈依佛、法、僧三寶之「三皈依誓願儀式」。三皈依誓願者可領受《佛說・正心法語》、《祈願文①》、《祈願文②》、《向愛爾康大靈的祈禱》。

**幸福科學於各地支部、據點每週皆舉行各種法話學習會、佛法真理講座、經典讀書會等活動，歡迎各地朋友前來參加，亦歡迎前來心靈諮詢。**

台北支部精舍
台北市松山區敦化北路
155 巷 89 號
02-2719-9377

台中支部精舍
台中市中區民族路 146 號
04-2223-3777

### 幸福科學台灣代表處

台北市松山區敦化北路 155 巷 89 號
02-2719-9377
taiwan@happy-science.org
FB：幸福科學台灣

### 幸福科學馬來西亞代表處

No 22A, Block 2, Jalil Link Jalan Jalil Jaya 2, Bukit Jalil 57000, Kuala Lumpur, Malaysia
+60-3-8998-7877
malaysia@happy-science.org
FB：Happy Science Malaysia

### 幸福科學新加坡代表處

434 Race Course Road #01-01 Singapore 218680
+65-6837-0777
singapore@happy-science.org
FB：Happy Science Singapore

# 幸福之法　讓人幸福的四個原理

幸福の法　人間を幸福にする四つの原理

作　　者／大川隆法

出版發行／台灣幸福科學出版有限公司、幸福の科学出版株式会社
105-407 台北市松山區南京東路四段 50 號 11 樓
電話／ 02-2586-3390　傳真／ 02-2595-4250
信箱／ info@irhpress.tw
法律顧問／第一法律事務所　余淑杏律師

總 經 銷／旭昇圖書有限公司
235-026 新北市中和區中山路二段 352 號 2 樓
電話／ 02-2245-1480　傳真／ 02-2245-1479

幸福科學華語圈各國聯絡處／
台　　灣　taiwan@happy-science.org
地址：台北市松山區敦化北路 155 巷 89 號（台灣代表處）
電話：02-2719-9377
FB 粉絲頁：幸福科學－台灣
新 加 坡　singapore@happy-science.org
馬來西亞　malaysia@happy-science.org
泰　　國　bangkok@happy-science.org
澳　　洲　sydney@happy-science.org

書　　號／978-626-7302-08-8
初　　版／2023 年 12 月
定　　價／380 元

Copyright © Ryuho Okawa 2004
Traditional Chinese Translation © Happy Science 2023

Originally published in Japan as
'*Kofuku no ho*'
by IRH Press Co., Ltd. Tokyo Japan
All Rights Reserved.
No part of this book may be reproduced, distributed, or transmitted in any form by any means, electronic or mechanical, including photocopying and recording ; nor may it be stored in a database or retrieval system, without prior written permission of the publisher.

**著作權所有・翻印必究**
本書圖文非經同意，不得轉載或公開播放

**國家圖書館出版品預行編目（CIP）資料**

幸福之法：讓人幸福的四個原理／大川隆法作. -- 初版. -- 臺北市：台灣幸福科學出版有限公司，2023.12
352 面；14.8×21 公分
譯自：幸福の法 人間を幸福にする四つの原理
ISBN 978-626-7302-08-8（平裝）

226.8　　112020408

IRH Press Taiwan Co., Ltd.
台灣幸福科學出版有限公司

105-407 台北市松山區南京東路四段50號11樓
台灣幸福科學出版　編輯部　收


請沿此線撕下對折後寄回或傳真，謝謝您寶貴的意見！

大川隆法
Ryuho Okawa

# 幸福之法

台灣幸福科學出版有限公司

# 幸福之法
## 讀者專用回函

非常感謝您購買《幸福之法》一書，
敬請回答下列問題，我們將不定期舉辦抽獎，
中獎者將致贈本公司出版的書籍刊物等禮物！

**讀者個人資料**　　※本個資僅供公司內部讀者資料建檔使用，敬請放心。

1. 姓名：　　　　　　　　　　性別：□男　□女
2. 出生年月日：西元　　　　年　　　　月　　　　日
3. 聯絡電話：
4. 電子信箱：
5. 通訊地址：□□□-□□
6. 學歷：□國小 □國中 □高中／職 □五專 □二／四技 □大學 □研究所 □其他
7. 職業：□學生 □軍 □公 □教 □工 □商 □自由業□資訊 □服務 □傳播 □出版 □金融 □其他
8. 您所購書的地點及店名：
9. 是否願意收到新書資訊：□願意　□不願意

**購書資訊：**

1. 您從何處得知本書的訊息：（可複選）□網路書店　□逛書局時看到新書　□雜誌介紹
   □廣告宣傳　□親友推薦　□幸福科學的其他出版品　□其他
2. 購買本書的原因：（可複選）□喜歡本書的主題　□喜歡封面及簡介　□廣告宣傳
   □親友推薦　□是作者的忠實讀者　□其他
3. 本書售價：□很貴　□合理　□便宜　□其他
4. 本書內容：□豐富　□普通　□還需加強　□其他
5. 對本書的建議及讀後感
6. 盼望您能寫下對本公司的期望、建議…等等。

IRH Press Taiwan Co., Ltd.
台灣幸福科學出版有限公司